*Pelastus armosta*

*Hengen miekka* -kirjasarja:

1 *Toimiva rukous*
2 *Hengen tunteminen*
3 *Jumalan hallintavalta*
4 *Elävä usko*
5 *Jumalan kirkkaus seurakunnassa*
6 *Palveleminen Hengessä*
7 *Isän tunteminen*
8 *Kadotettujen tavoittaminen*
9 *Jumalan kuunteleminen*
10 *Pojan tunteminen*
11 *Pelastus armosta*
12 *Palvonta Hengessä ja totuudessa*

www.swordofthespirit.co.uk

Copyright © 2019 Colin Dye
ISBN: 978-1-912296-16-3

Ensimmäinen painos
Kensington Temple
KT Summit House
100 Hanger Lane
London, W5 1EZ

Kaikki oikeudet pidätetään. Tämän julkaisun tai sen osan jäljentäminen tai tallentaminen ilman tekijän kirjallista lupaa painamalla, monistamalla, äänittämällä, sähköisesti tai muulla tavoin on tekijänoikeuslain mukaisesti kielletty.

Raamatun lainaukset ovat vuoden 1992 käännöksestä, ellei toisin mainittu.

Suomennos: Christina Kotisaari
Taitto: Marko Joensuu
Kansi: Yewhung Chin

# Hengen miekka

## Pelastus armosta

Colin Dye

# Sisällysluettelo

| | | |
|---|---|---|
| Johdanto | | 7 |
| 1 | Pyhyys, synti ja anteeksianto | 11 |
| 2 | Johdonmukaisuus itsensä kanssa | 27 |
| 3 | Sijaiskärsimys ja uhri | 41 |
| 4 | Armon liitot | 65 |
| 5 | Pelastus ja sovitus | 81 |
| 6 | Pelastus ja ilmoitus | 97 |
| 7 | Pelastus ja voitto | 113 |
| 8 | Pelastus ja uusi elämä | 135 |
| 9 | Armosta uskon kautta | 153 |

# Johdanto

Englannin kielen sana "save", pelastaa tai säästää, on yksi englannin kielen yleisimmistä verbeistä. Kaikki englantia puhuvat käyttävät sitä kymmeniä kertoja päivän aikana yhdessä sellaisten sanojen kuin aika, raha, tavoitteet, polttoaine, eläimet, postimerkit, paperi, kaupunkien keskustat, tietokoneella tehdyt työt, autiotalot, hukkuvat ihmiset jne. kanssa.

Vaikka kyseistä sanaa käytetäänkin mitä erilaisimmissa asiayhteyksissä, sen yleinen merkitys on selvä: jonkin pelastaminen merkitsee sen varjelemista, päästämistä, noutamista tai vapauttamista vaarasta tai sen estämistä, ettei se joudu väärinkäytön kohteeksi.

Kun on kyse kristinuskosta, sanan "pelastaa" merkitys tuntuu kuitenkin olevan vähemmän selkeä. Vaikka useimmat uskovat ymmärtävätkin, että "olla pelastettu" merkitsee olla varjeltu, lunastettu, vapautettu ja tuotu elämään, monet eivät ole varmoja siitä, *kuinka* tämä tapahtuu, *miksi* se tapahtuu ja *mitä* seurauksia sillä on ihmisille.

Pelastuksen perusajatus on helppo ymmärtää: *Jumala* etsii kadotetut, antaa uuden elämän kuolleille, puhdistaa saastaiset, antaa anteeksi syyllisille, tekee lannistuneista häviäjistä voittajia, vapauttaa vangitut jne. Pelastuksen *kuinka*, *miksi* ja *mitä* vaativat kuitenkin syvällisempää pohdiskelua.

Uudet uskovat tietävät vaistomaisesti, mitä yksinkertainen sana "pelastaa" tarkoittaa, mutta he saavat nopeasti huomata, että "pelastettuna olemiseen" liittyy koko joukko vaikeaselkoisia sanoja. He joutuvatkin usein olemaan hämillään, kunnes joku selittää heille, miten esimerkiksi sovitus, liitto, valinta, kirkastaminen, tuomio, vanhurskauttaminen, predestinaatio,

*Pelastus armosta*

hyvitys, lunastus, uudestisyntyminen, pyhitys jne. eroavat toisistaan.

Vaikka nämä vaikeaselkoiset sanat saattavatkin hämmentää uskovia, niiden takana olevat tärkeät käsitykset muokkaavat sitä tapaa, jolla suhtaudumme pelastukseen, tapaa, jolla koemme pelastuksen, sekä tapaa, jolla tavoitamme muita ihmisiä hyvällä sanomalla pelastuksesta. Nämä eivät nimittäin olleet vaikeaselkoisia sanoja omissa asiayhteyksissään – ne olivat jokapäiväisiä sanoja Uuden testamentin kielessä ja kulttuurissa.

Jos emme pyri kaikin mahdollisin keinoin ymmärtämään pelastuksen raamatullisia *kuinka-*, *miksi-* ja *mitä-*puolia, käännymme väistämättä pois täysin Jumalaan keskittyvästä näkökulmasta raamatulliseen pelastukseen ja alamme suhtautua siihen ja puhua siitä hyödyttömällä ihmiskeskeisellä tavalla.

Tämä kirja on tarkoitettu uskoville, jotka ovat innokkaita tutkimaan Jumalan Sanaa oppiakseen pelastuksesta. Uskoville, jotka todella haluavat tutustua Jumalan ilmoitukseen Kristuksen kuoleman tarkoituksesta ja luonteesta, siihen, mikä tekee Kristuksen kuolemasta niin merkittävän, sekä siihen, mitä seurauksia hänen kuolemallaan on meille ihmisille.

Oppimisen tueksi on myös olemassa oheismateriaalia, jonka löydät vastaavasta *Sword of the Spirit Student's Handbook* -käsikirjasta sekä nettisivulta www.swordofthespirit.co.uk (englanninkielisenä, suom. huom.). Käsikirjassa on täydentävää opetusta tämän kirjan jokaisesta luvusta sekä keskustelunaiheita ja tietovisoja. Kun rekisteröidyt nettisivulle, saat käyttöösi lisää tietovisoja ja kokeita. Nettisivulta löydät myös tämän kirjan tekstin, jossa on linkit kaikkiin tekstissä esiintyviin Raamatun jakeisiin, sekä ääni- ja videotiedostoja. Nämä lisämateriaalit auttavat sinua kertaamaan, painamaan mieleesi ja soveltamaan tässä kirjassa oppimiasi asioita.

Voit myös käyttää *Student's Handbook* -käsikirjaa pienryhmissä. Valitse rukoillen ne osiot, joiden uskot parhaiten soveltuvan omalle ryhmällesi. Joissakin tapaamisissa voitte

*Johdanto*

siis käyttää kaikkea käsikirjan materiaalia ja toisissa vain osia siitä. Käytäthän maalaisjärkeäsi ja hengellistä näkökykyäsi. Voit myös vapaasti kopioida näitä sivuja ja jakaa niitä johtamillesi ryhmille.

Rukoukseni on, että päästyäsi tämän kirjan loppuun sinulla olisi paljon parempi käsitys langenneesta ihmisluonnosta, Jeesuksen ihmeellisestä persoonasta ja työstä ja siitä, kuinka risti on hallitseva ja yhdistävä tekijä koko Raamatussa 1. Mooseksen kirjasta aina Ilmestyskirjaan.

Vielä tätäkin enemmän rukoilen, että saisit häkeltyä Jumalan äärettömästä armosta, joka on toiminut pelastuksessa maksaen siitä suuren hinnan. Ja että vastaat tähän armoon elämällä pelastustasi todeksi tavalla, joka vetää muitakin ihmisiä Jumalan armoon.

*Colin Dye*

# Osa 1

# Pyhyys, synti ja anteeksianto

Jeesuksen kuuluisa kertomus tuhlaajapojasta (Luuk. 15:11–32) havainnollistaa sitä, mistä pelastuksessa on Jumalan näkökulmasta kyse: taivaallisen Isän armosta, jossa ei ole ehtoja ja joka pelastaa syntiset, jotka eivät sitä ansaitse.

Isä katseli ja odotti jo kauan ennen kuin hänen poikansa palasi kotiin, ja heti kun hän huomasi poikansa, hän kiiruhti toivottamaan tämän tervetulleeksi täynnä suurta ja ylitsevuotavaa iloa – kyselemättä lainkaan tämän tarkoitusperistä tai vääristä teoista. Poika löysi itsensä tekemästä parannusta isän hyväksyvässä syleilyssä. Isän ehdoton anteeksianto sulatti pojan sydämen ja sai aikaan täydellisen muutoksen pojan käytöksessä. Tämä osoittaa, että muuttunut käytös on aina anteeksiannon seurausta, ei sen peruste.

Tuhlaajapoikavertaus on kiehtova ja mukaansatempaava kertomus jumalallisesta armosta, joka vaikuttaa ihmisten pelastuksessa. Se puhuu taivaallisen Isämme anteliaisuudesta – Isän, joka antaa meille anteeksi juuri samanlaisella tavalla, kun me palaamme tuhlaajapoikina ja -tyttärinä hänen luokseen. Vertaus paljastaa sen ehdottoman rakkauden ja ansaitsemattoman mielisuosion, jota Jumala osoittaa meille pelastaessaan meidät, mutta se ei kerro yksityiskohtaisesti tuon anteeksiannon vaatiman *uhrin kalliista hinnasta*. Kertomuksen isä näyttää antavan pojalleen anteeksi ilman, että pojan tai ulkopuolisen sijaiskärsijän täytyy maksaa siitä mitään hintaa. Joidenkin ihmisten on siksi vaikeaa ymmärtää, miksi jumalallinen anteeksianto on riippuvaista Kristuksen kuolemasta. He ihmettelevät, miksei Jumala anna meille anteeksi ilman kallista uhria – kuten vertauksen isä vaikuttaisi tekevän.

*Pelastus armosta*

On syytä muistaa, että Jeesus, joka kertoi tämän vertauksen, oli matkalla kohti ristiä, jossa hänen oli määrä kuolla ja toimia sijaisuhrina koko maailman syntien tähden. Uhrikuolemansa myötä hän teki mahdolliseksi sen, että Isä voi nyt antaa täysin ja vapaasti anteeksi kaikille, jotka palaavat hänen luokseen. Ihmiset, jotka kyseenalaistavat ristin tarpeellisuuden, eivät ole joko ymmärtäneet, kuinka vakava asia ihmisten syntisyys on tai sitä, kuinka pyhä Jumala on. He eivät ole käsittäneet, kuinka valtava ristiriita ihmisten kapinamielen ja jumalallisen täydellisyyden välillä on. Raamattu antaa itse asiassa ymmärtää, että ihmisten syntisyys on järkähtämätön kohde, johon Jumalan pyhä viha kohdistuu koko voimallaan.

Tämän vuoksi pelastuksesta puhuttaessa onkin tarpeen vastata paljon vaikeampaan kysymykseen kuin vain siihen, "miksi Jumala tarvitsee ristin voidakseen antaa meille anteeksi?". Tätä kaikkein hankalinta ratkaistavaa ongelmaa voidaan tarkastella kahdesta näkökulmasta:

- ◆ Kuinka Jumala voi osoittaa rakkauttaan antamalla syntisille anteeksi ilman, että hänen pyhyytensä kärsisi siitä?

- ◆ Ja kuinka Jumala voi osoittaa pyhyyttään rankaisemalla synnin hylkäämättä kuitenkaan rakkauttaan?

**Ihmisten syntisyys**
Uudessa testamentissa käytetään pääasiassa neljää kreikan kielen sanaa synnistä. Vaikka ne ovatkin pitkälti toistensa synonyymeja, niillä on hienoisia merkityseroja, jotka auttavat meitä ymmärtämään synnin monitahoista ja monimutkaista luontoa paremmin. Kaikkiin näihin sanoihin sisältyy ajatus epäonnistumisesta Jumalan normien täyttämisessä, ja ne kuvaavat tekoja ja asenteita, jotka erottavat meidät toisistamme ja Jumalasta.

*Hamartia*
*Hamartia* on yleisin synnistä käytetty sana. Sitä käytetään

*Pyhyys, synti ja anteeksianto*

joskus ulkoisista synnillisistä teoista, mutta useimmiten sillä kuvataan sisäistä syntistä tilaa. Se on meitä ohjaava vastustamaton sisäinen moraalinen voima.

*Hamartia* kuvaa syntiä tavoitteen täyttymättä jäämisenä ja epäonnistumisena jonkin päämäärän saavuttamisessa. Sillä viitataan sekä sisäiseen tottelemattomuuteen, joka ei osaa sanoa "kyllä" Jumalalle, että ulkoiseen mukautumattomuuteen hänen normeihinsa. Nämä vaikuttavat syvästi suhteeseemme pyhän Jumalan kanssa. Ennen kuin kaikki meidän *hamartiamme* on poistettu, olemme ikuisesti erotettuja Jumalasta.

*Hamartiaa* käytetään esimerkiksi kohdissa Matt. 12:31; Joh. 8:21, 24, 34 ja 46, 9:41, 15:22 ja 24, 19:11; Ap. t. 7:60; Room. 3:9, 5:12–13 ja 20–21, 6:1, 2, 6, 12–13, 14, 16–18, 20 ja 22–23, 7:5, 7–9, 11, 13–14, 17, 20, 23 ja 25, 8:2–3; 1. Kor. 15:56; Hepr. 3:13, 9:26, 10:6 ja 8, 11:25, 12:4, 13:11; Jaak. 1:15, 2:9, 4:17, 5:15 ja 20; 1. Joh. 1:7–9, 3:4–5 ja 8–9 sekä 5:16–17.

*Paraptoma*
Useimmissa raamatunkäännöksissä *paraptoma* on käännetty sanalla "rikkomus". Se tarkoittaa "väärää askelta" tai "virhettä/kömmähdystä" – liukumista pois siitä, mikä on totta ja oikein. *Paraptoma* korostaa synnin ajattelematonta ja välinpitämätöntä luonnetta.

*Paraptomaa* käytetään kohdissa Matt. 6:14–15, 18:35; Mark. 11:25–26; Room. 4:25, 5:15–18 ja 20, 11:11–12; 2. Kor. 5:19; Gal. 6:1; Ef. 1:7, 2:1 ja 5; Kol. 2:13 sekä Jaak. 5:16.

*Parabasis*
*Parabasis* nostaa esiin synnin tahallisen ja harkitun puolen. Se tarkoittaa "liian pitkälle menemistä" pikemmin kuin "kompuroimista". Se on tahallista poikkeamista oikealta polulta, ennalta suunniteltua lain rikkomista. Myös se on suomenkielisissä raamatunkäännöksissä useimmiten käännetty sanalla "rikkomus".

*Parabasis* esiintyy kohdissa Room. 2:23, 4:15, 5:14; Gal. 3:19; 1. Tim. 2:14 sekä Hepr. 2:2 ja 9:15.

*Pelastus armosta*

## Anomia

*Anomia* merkitsee "laittomuutta", "pahuutta" tai "vääryyttä". Se viittaa kaiken oikean ja hyvän vastakohtaan. Jakeessa 2. Tess. 2:3 sitä käytetään osoittamaan, että laittomuus on Jumalan vastakohta.

*Anomiaa* käytetään kohdissa Matt. 7:23, 13:41, 23:28, 24:12; Room. 4:7, 6:19; 2. Kor. 6:14; 2. Tess. 2:7; Tit. 2:14; Hepr. 1:9, 10:17 ja 1. Joh. 3:4.

### Muita sanoja

Toisinaan Uudessa testamentissa käytetään myös joitakin muita kreikan kielen sanoja kuvaamaan jotakin tiettyä synnin puolta. Esimerkiksi:

- *adikia*; väärämielisyys, se ettei jokin ole tai joku tee oikein – Luuk. 13:27, 16:8, 18:6; Ap. t. 1:18, 8:23; 2. Tim. 2:19 ja Jaak. 3:6

- *adikema*; vääryys, paha teko tai väärin tekeminen – Ap. t. 18:14, 24:20 ja Ilm. 18:5

- *poneria*; hirvittävä pahuus – Matt. 22:18; Mark. 7:22; Luuk. 11:39; Room. 1:29 ja 1. Kor. 5:8

- *paranomia*; lainrikkomus – 2. Piet. 2:16

- *opheilema*; velkaantuneisuus – Matt. 6:12 ja Room. 4:4

- *aition* tai *aitia*; virhe tai rikos – Luuk. 23:4, 14 ja 22; Joh. 18:38 sekä 19:4 ja 6.

### Synti

Kaikkiin edellä mainittuihin kreikan kielen sanoihin liittyy ajatus ihanteesta – joko jokin objektiivinen normi, jota emme onnistu täyttämään, tai raja, jonka ylitämme tarkoituksella tai suunnittelematta.

Raamatussa annetaan ymmärtää, että Jumala määrittää tämän ihanteen ja että juuri hänen pyhä luontonsa on tuo ihanne – ei jokin hänen olemuksestaan erillinen sääntöluettelo.

## Pyhyys, synti ja anteeksianto

Jumala loi ihmisen kuvakseen, joten hänen norminsa ovat myös meidän normejamme. Tämä havaitaan Roomalaiskirjeen jakeesta 2:15.

Raamattu opettaa paljon synnistä ja painottaa aina sen vakavuutta. Raamatussa osoitetaan synnin olevan sitä, että emme onnistu rakastamaan Jumalaa koko olemuksellamme, sekä sitä, että kieltäydymme tunnustamasta häntä Luojaksi ja Herraksi ja olemasta hänelle kuuliaisia.

Luotuina olentoina ihmiset ovat sisimmältä olemukseltaan riippuvaisia Jumalasta. Synti onkin siksi itsenäisyyttä tai itseriittoisuutta korostava teko tai asenne. Synti on perusolemukseltaan sen vastustamista, että Jumala on Luoja ja Herra, ja pohjimmiltaan aina aktiivista kapinaa *häntä* vastaan.

Monet syntiset teot saattavat näyttää siltä, että ne vahingoittavat vain niitä ihmisiä, joihin ne suoraan kohdistuvat. Saattaa esimerkiksi vaikuttaa siltä, että Daavidin synti Batseban kanssa (2. Sam. 11) kohdistui vain Uriaa ja Mikalia vastaan. Synti kuitenkin ensisijaisesti ilmaisee henkilökohtaista kapinaamme Jumalaa vastaan – ja juuri tämän syvällisen totuuden Daavidin tunnustus jakeessa Ps. 51:4 tuo esiin.

Raamattu vie pidemmälle tätä ajatusta siitä, että synti vaikuttaa pohjimmiltaan Jumalaan, osoittamalla, että synti on:

◆ ominaista koko ihmiskunnalle – Room. 1–3

◆ sekä sisäisiä asenteita että ulkoisia tekoja – Mark. 7:21–23; Room. 1:29–31, 7:7, 13:13; 1. Kor. 5:10–13, 6:9–10; 2. Kor. 12:20–21; Gal. 5:19–21; Ef. 4:31, 5:3–5; Kol. 3:5–8; 1. Tim. 1:9–10; 2. Tim. 3:2–3 ja Tit. 3:3

◆ paholaisen, Jumalan vihollisen, orjana olemista – 1. Joh. 3:8–10

◆ orjaisäntä – Room. 6:16-17

◆ kapinaa Jumalaa vastaan – Luuk. 15:11–32

◆ etääntymistä Jumalasta – Joh. 7:7; Room. 5:10; Jaak. 4:4 ja 1. Joh. 2:16

*Pelastus armosta*

- Jumalaan kohdistuvaa epäuskoa – Joh. 5:24 ja 16:9
- sokeutta ja pimeyttä Jumalan asioille – Joh. 1:4–9, 8:12 ja 1. Joh. 2:8–9
- laittomuutta – Room. 6:19; 2. Kor. 6:14 ja 1. Joh. 3:4
- velassa olemista Jumalalle – Matt. 6:12 ja Kol. 2:14
- valheellista tietoa Jumalasta – Room. 1:18 ja 25; Ef. 4:25; 2. Tess. 2:11–12 ja 1. Tim. 6:5
- kääntymistä pois Jumalasta – Room. 2:23
- tottelemattomuutta Jumalaa kohtaan – Joh. 3:36; Room. 11:30 ja Ef. 2:2
- ja että se ansaitsee Jumalan tuomion – Matt. 12:36; Luuk. 12:47–48 ja Matt. 11:20–24
- ja johtaa kuolemaan ja ikuiseen eroon Jumalasta – Room. 6:21–23, 7:13 ja 2. Tess. 1:9.

Raamattu tekee selväksi, ettei yksikään mies tai nainen – Jeesusta lukuun ottamatta – ole, millaiseksi hänet on tarkoitettu. Kukaan ei täytä Jumalan ihannenormia. Tästä kerrotaan hieman eri tavoin eri raamatunkohdissa, mutta yleiskuva on selvä. Ihmiset ovat synnynnäisesti erillään Jumalasta – ihmisen vapaa tahto kallistuu pahan suuntaan syntymästä lähtien.

Ihmiskunta on kapinoinut Jumalaa vastaan; se ei ole noudattanut Jumalan lakeja; se on antanut synnin sitoa itsensä niin, ettei se pääse siitä vapaaksi omin keinoin. Tämän seurauksena ihmiskunta on sokea omille mahdollisuuksilleen ja välinpitämätön Jumalaa kohtaan. Tämä näkyy kaikkein selvimmin siinä, että ihmiset hylkäävät Jeesuksen – ainoan, joka voi pelastaa meidät synnistä, sovittaa meidät Jumalan kanssa ja palauttaa meidät meille kuuluvaan asemaan.

**Vastuu**
Ensimmäisen Mooseksen kirjan jakeissa 3:1–13 kerrotaan

## Pyhyys, synti ja anteeksianto

ensimmäisestä ihmisten tekemästä synnistä. Siinä tuodaan myös ilmi se, kuinka Aadam ja Eeva yrittivät kiertää synnin tekemiseen liittyvän vastuunsa: Aadam syytti Eevaa, ja Eeva syytti käärmettä.

Eedenin puutarhan ajoista lähtien ihmiset ovat aina yrittäneet syyttää jotain toista henkilöä tai muuta seikkaa synneistään – geenejä, hormoneja, kasvatustaan, yhteiskuntaa, olosuhteita jne. Tästä huolimatta jokainen oikeusjärjestelmä on aina perustunut sille olettamukselle, että meillä on valinnanvapaus ja että olemme vastuussa tekemistämme valinnoista.

Jotkut ihmiset väittävät, että olemme vain vaistojemme armoilla olevia eläimiä. Toiset taas sanovat, että meidät on geneettisesti ohjelmoitu suoriutumaan ja reagoimaan tietyillä tavoilla tai että olemme sosiaalisen ja psykologisen ehdollistumisemme avuttomia uhreja.

Yhteiskuntamme jokainen puoli on silti aina toiminut sen yleisen tunnustuksen pohjalta, että ihmiset ovat vapaita olentoja, joilla on kyky valita ja henkilökohtainen vastuu valinnoistaan. Kaikkeen ihmisten taivutteluun (politiikkaan, mainontaan, koulutukseen, evankeliointiin jne.), kaikkeen ihmisten ylistykseen ja kaikkeen ihmisten syyllisyyteen liittyy aina ajatus henkilökohtaisesta valinnanmahdollisuudesta ja vastuusta.

Raamatussa tunnustetaan, että on olemassa tietty jännite meihin vaikuttavien paineiden ja sen välillä, että olemme vastuussa teoistamme ja asenteistamme. Raamatussa opetetaan, että olemme perineet Aadamilta langenneen luonnon ja että olemme tämän syntisen luonnon, maailman ja sen ajatusten sekä demonisten voimien orjia. Silti Raamatussa pidetään myös kiinni siitä, että olemme vastuussa valinnoistamme ja teoistamme ja että vastaamme niistä Jumalalle.

Raamattu osoittaa, että Jumala tietää, millaisia me olemme, ja että hän ymmärtää meidän elävän painostuksen alla. Tämän vuoksi Jumala onkin kärsivällinen ja lempeä meitä

## Pelastus armosta

kohtaan. Hän ei kohtele meitä syntiemme ansaitsemalla tavalla. Hän tekee eron niiden syntien välillä, jotka teemme tietämättömyyttämme, ja niiden, jotka teemme tarkoituksella. Tämä havaitaan kohdissa Ps. 103:10-14; Jes. 42:1-3; Matt. 12:15-21; Luuk. 23:34; Ap. t. 3:17 ja 1. Tim. 1:13.

Vaikka Raamattu tunnustaakin, että emme itsessämme tai omin avuin pysty vastustamaan syntiä, Jumalan Sana tekee selväksi, että olemme silti moraalisesti vastuullisia olentoja. Raamattu painottaa, että meillä on vapaa moraalinen valinnanmahdollisuus. Se rohkaisee meitä olemaan kuuliaisia Jumalalle ja korjaa meitä, kun emme ole hänelle kuuliaisia. Jakeiden 5. Moos. 30:15-20 ja Joos. 24:15 kaltaiset kohdat havainnollistavat henkilökohtaista vastuutamme valinnoistamme.

Raamattu pitää luovassa jännitteessä kahta samanaikaisesti voimassa olevaa totuutta: Jumalan kaikkivaltiutta ja ihmisten vastuuta. Jeesus julistaa molempia yhtä lailla – esimerkiksi kohdissa Joh. 5:40 ja 6:44 – ja niin tulee meidänkin. Aina kun ihmettelemme, miksi joku ei halua ottaa vastaan Jumalan ihmeellistä pelastussanomaa, meidän tulee muistaa Raamatun opettavan, että ihmiset "eivät tule" Jeesuksen luo ja että ihmiset "eivät voi tulla" hänen luokseen. Molemmat ovat totta, ei vain jompikumpi. Tätä tärkeää paradoksia käsitellään tarkemmin osassa 8.

Henkilökohtainen vastuu on arvokas, Jumalan suvereenin armon lahja. Juuri kyseinen lahja on se, mikä tekee meistä ainutlaatuisen inhimillisiä. Vastuu on itse asiassa ihmisyyden ydintä, ja se on myös selitys ja syy tulevalle tuomiopäivälle. Sillä jos emme olisi henkilökohtaisesti vastuussa teoistamme ja asenteistamme, ei voisi olla myöskään merkityksellistä tuomiota.

Tämä osoittaa, että huolimatta perimästämme langenneesta luonnosta, huolimatta paholaisen voimasta ja huolimatta paineista, jotka nousevat kasvatuksestamme, sosiaalisesta ympäristöstämme ja geeneistämme, olemme henkilökohtaisesti vastuussa synnillisistä ajatuksistamme ja

## Pyhyys, synti ja anteeksianto

teoistamme, tottelemattomuudestamme ja julkeudestamme sekä kaikista valinnoistamme ja päätöksistämme.

### Jumalallinen pyhyys

Kirjoissa *Isän tunteminen* ja *Hengen tunteminen* käsitellään sitä raamatullista opetusta, että kolmiyhteinen Jumala on pohjimmiltaan pyhä. Tämä havaitaan:

◆ Isässä – Luuk. 1:49; Joh. 17:11; 1. Piet. 1:15–16, Ilm. 4:8 ja 6:10

◆ Pojassa – Luuk. 1:35; Ap. t. 3:14, 4:27–30 ja 1. Joh. 2:20

◆ Hengessä – 2. Tim. 1:14; Tit. 3:5; 2. Piet. 1:21 ja Juud. 20.

Sanalla "pyhä" on monille ihmisille ainoastaan moraalisia mielleyhtymiä. He ajattelevat, että pyhyys merkitsee ainoastaan hyväkäytöksisyyttä. Heprean ja kreikan kielen "pyhää" tarkoittavat sanat *gadosh* ja *hagios* ovat kuitenkin toiminnallisia sanoja, jotka tarkoittavat "täysin erotettu tiettyä tarkoitusta varten" ja "omistettu tai pyhitetty tiettyä tarkoitusta varten".

Kolmiyhteinen Jumala on "pyhä" siinä mielessä, että hän on *täysin erotettu* kaikesta luomakunnasta. Hänet erottaa siitä hänen korotettu, ikuinen, ääretön, synnitön, moraalisesti täydellinen ja hengellinen luontonsa: hän on "kokonaan toinen", "kokonaan kaiken yläpuolella".

Tästä selviää, että Jumalan "pyhyys" on seurausta hänen kaikkien ominaisuuksiensa summasta, ei jostakin yhdestä tietystä ominaisuudesta, ja juuri tämä erottaa hänet kaikesta muusta luomakunnasta. Tämä havaitaan esimerkiksi kohdista 2. Moos. 3:5; 3. Moos. 19:2; Jes. 6:2–3, 57:15 ja 1. Joh. 1:5.

Kolmiyhteisen Jumalan jokainen persoona on kuitenkin "pyhä" myös siinä mielessä, että jokainen heistä on *täysin omistautunut* toinen toiselleen. Voidaankin esimerkiksi sanoa, että Jeesus ilmoittaa pyhyytensä pyhittäytymisessään Isälle ja että Henki ilmoittaa pyhyytensä tavassa, jolla hän on olemassa tuodakseen kunniaa ainoastaan Jeesukselle. Heidän täydellinen sitoutumisensa toisiinsa on heidän pyhyyttään.

*Pelastus armosta*

Synti ei sovi yhteen Jumalan täyden luonnon, hänen pyhyytensä kanssa, ja juuri tämä erottaa meidät Jumalasta. Raamattu tekee selväksi, ettei kukaan voi katsella Jumalan kasvoja ja selvitä siitä hengissä – jopa ne, jotka saavat nähdä vain pienen vilauksen hänen kirkkaudestaan, eivät kestä tuota näkyä. Tämä havaitaan esimerkiksi kohdissa 2. Moos. 3:6; Jes. 6:1–5; Job 42:5–6; Hes. 1:28; Dan. 10:9; Luuk. 5:8 ja Ilm. 1:17.

Jumalan pyhää vastausta syntiin kutsutaan "vihaksi". Jumalan viha on täysin erilaista kuin ihmisten suuttumus. Se on hänen pyhää kyvyttömyyttään olla missään tekemisissä synnin kanssa ja hänen jatkuvaa synnin tuomitsemistaan. Jumalan pyhyys paljastaa aina luonnostaan synnin, ja hänen vihansa vastustaa aina syntiä. Synti ei voi lähestyä Jumalaa, eikä Jumala voi sallia syntiä.

Tätä totuutta korostetaan Raamatussa neljällä kielikuvalla. Esimerkiksi:

- ◆ Jumalaa kutsutaan usein "korkeaksi" tai "Korkeimmaksi". Tämä nimi ilmaisee hänen ylivertaisuuttaan ja painottaa sitä, että hän on täysin meidän yläpuolellamme. Se voidaan löytää kohdista 1. Moos. 14:18–22; Ps. 7:17, 9:2, 21:7, 46:4, 47:2, 57:2, 83:18, 92:8, 93:4, 113:4; Dan. 3:26, 4:2–34, 5:18–21, 7:18–27; Hoos. 7:16, 11:7 ja Miika 6:6.

- ◆ Jumala varoittaa usein ihmisiä tulemasta liian lähelle häntä. Telttamajaan ja temppeliin liittyvät järjestelyt osoittivat, että Jumala oli kansansa keskellä mutta että kansan oli syytä pysyä sopivan välimatkan päässä hänestä. Syntiset eivät voi lähestyä pyhää Jumalaa saamatta siitä rangaistusta. Tämä havaitaan kohdista 2. Moos. 3:5, 19:3–25, 20:24, 29:45–46; 3. Moos. 16; 4. Moos. 1:51–53; Joos. 3:4; 1. Sam. 6:19; 2. Sam. 6:6–7 sekä Matt. 7:23 ja 25:41.

- ◆ Jumalaa kuvataan joskus valona, jota ei voi lähestyä, tai kaiken polttavana tulena – esimerkiksi kohdissa 5. Moos. 4:24; 1. Tim. 6:16; Hepr. 10:27–31, 12:29 ja 1. Joh. 1:5.

*Pyhyys, synti ja anteeksianto*

◆ Jumalan tapaa hylkiä syntiä verrataan joskus siihen, miten ihmiskeho hylkii myrkkyä oksentamalla sen ulos. Jumala ei voi sietää syntiä tai tekopyhyyttä. Ne ovat niin täydellisen vastenmielisiä hänelle, että hänen täytyy hävittää ne läsnäolostaan. Tämä havaitaan kohdista 3. Moos. 18:25-28, 20:22-23 ja Ilm. 3:16.

Nämä kielikuvat havainnollistavat pyhyyden ja synnin täydellistä yhteensopimattomuutta. Jumalan koko luonnon, hänen pyhyytensä, vuoksi hän *ei voi* olla siellä, missä on syntiä. Jos synti tulee liian lähelle Jumalaa, se joko hävitetään tai ajetaan pois.

Ymmärrykseemme Jumalasta täytyy kuulua myös sen sisäistäminen, että Jumala vihaa pahuutta, että pahuus inhottaa ja suututtaa häntä ja ettei hän voi hyväksyä sitä. Ja ymmärrykseemme pelastuksesta täytyy kuulua sekä synnin vakavuuden että Jumalan ihmeellisen pyhyyden kirkkauden ymmärtäminen.

Meiltä jää ymmärtämättä, kuinka paljon oikeasti tarvitsemme ristiä, jos vähättelemme syntiä ja suhtaudumme siihen harvinaisina lipsahduksina emmekä jatkuvana kapinana. Ja risti herättää meissä kysymyksiä, jos pidämme Jumalaa sallivana Isänä pikemmin kuin paheksuvana Luojana.

**Anteeksianto**

Kun viimein ymmärrämme syntiemme vakavuuden ja henkilökohtaisen vastuumme suuruuden, voimme alkaa myös käsittää sitä, kuinka ihmeellistä ja suurta armoa anteeksianto osoittaa. Mutta kun ymmärrämme Jumalan pyhyyden valtavan suuruuden ja sen, kuinka paljon hän syntiä vihaa, meissä herää väistämättä kysymys, voiko syntien anteeksianto edes olla mahdollista.

Pinnallisella tasolla saattaa vaikuttaa luonnolliselta kysyä, miksei Jumala toimi samoin kuin tuhlaajapoikavertauksen isä vaikuttaa toimivan. Mutta kun asiaa ajatellaan syvällisemmällä tasolla, voidaan ymmärtää, että anteeksianto on ehdottomasti vaikein mahdollinen teko pyhälle Jumalalle – paljon vaikeampi

*Pelastus armosta*

kuin luomisen tai ylösnousemuksen kaltaiset mutkattomat teot.

Pelastuksemme tiellä seisovat sekä ihmisten syntisyys että jumalallinen viha. Jumalan täytyy kunnioittaa meitä vastuullisina olentoina, joiksi hän on meidät omana kuvanaan luonut. Lisäksi hänen täytyy johdonmukaisesti toimia oman luontonsa, täydellisesti pyhän Jumalan luonnon mukaisella tavalla. Tämän kirjan osissa 3 ja 8 pureudutaan siihen, kuinka Jumala on ratkaissut tämän pyhän pulman ja mahdollistanut pelastuksen – Jeesuksessa, ristillä, armostaan.

Ihmeellinen totuus on se, että Raamattu lupaa Jumalan antavan anteeksi ihmisten kaikenlaiset synnit – *hamartian*, Kol. 1:14, *paraptoman*, Kol. 2:13, *parabasisin*, Hepr. 9:15, *anomian*, Tit. 2:14 ja niin edelleen. Lisäksi Raamattu osoittaa, että Jumalan anteeksiannolla on neljä erillistä puolta:

- ♦ Hän jättää panemasta synnin ansaitseman tuomion täytäntöön ja poistaa itsensä ja jokaisen ihmisen välillä olevan esteen. Tämä on vapautta synnin rangaistuksesta.

- ♦ Hän poistaa rikkomuksen ja pyyhkii pois sen muiston. Hän peittää tehdyt teot, niin ettei hän voi enää nähdä tai muistaa niitä. Tämä on vapautta synnin aiheuttamasta syyllisyydestä.

- ♦ Hän tuhoaa synnin voiman hengellisellä toiminnalla, jonka seurauksena ihminen voittaa moraalisen tarpeensa tehdä väärin. Tämä on vapautta synnin voimasta.

- ♦ Hän hävittää synnin lopullisesti poistamalla sen juuriaan myöten ja hävittämällä kaikki vaikutukset, joita sillä on moraalisesti, hengellisesti, tunnetasolla, sosiaalisesti ja fyysisesti meihin ollut. Tämä on vapautta synnin läsnäolosta – vapautta, jota saadaan jatkossa elämässä kokea.

## Inhimillinen anteeksianto

Inhimillinen anteeksianto on jokapäiväisessä elämässä aktiivinen prosessi, joka tapahtuu sellaisen ihmisen mielen sisällä, jota on satutettu tai kohdeltu väärin. Kun annamme jollekin anteeksi, kaadamme kumoon välissämme olevan esteen ja luovumme syytöksistä, jotta välillemme syntyisi jälleen sovinto.

Todellinen inhimillinen anteeksianto on paljon enemmän kuin vain sitä, ettemme kosta jollekin, joka on satuttanut meitä. Se on paljon enemmän kuin vain kivun huomiotta jättämistä ja enemmän kuin vain sitä, ettemme rankaise toista tämän vääristä teoista.

Todellisessa anteeksiannossa on kyse muutoksesta, joka alkaa ajatuksistamme, ilmenee sitten teoissamme ja lopulta muovaa tunteitamme. Pyyhkäisemme rikkomuksen pois ajatuksistamme ja laitamme lopun kielteisille vaikutuksille, joita sillä on tekoihimme ja tunteisiimme. Saatamme silti kyllä olla tietoisia tuosta rikkomuksesta, mutta emme anna sen enää vaikuttaa meihin.

Ennen anteeksiantoa rikkomus saa aikaan kaunan, vihan, epäluottamuksen, vastenmielisyyden ja muiden vastaavien tunteiden muodostaman esteen. Kun anteeksianto on annettu ja saatu, toisistaan etääntyneiden ihmisten välillä voi jälleen vallita rauha.

## Jumalallinen anteeksianto

Inhimillinen anteeksianto ei ole pienikokoinen jäljennös Jumalan anteeksiannosta. Raamattu osoittaa Jumalan antavan ihmisille anteeksi niin syvällisellä tavalla ja niin täydellisesti, että paraskin inhimillinen anteeksianto on vain heikko kaiku tai jäljitelmä Jumalan anteeksiannosta.

Raamattu kuitenkin täydentää tätä kertomalla myös siitä, kuinka Jumala toimii vihansa koko voimalla syntiä vastaan. Siksi jumalalliseen anteeksiantoon kuuluu myös se, että Jumala oikeudenmukaisuudessaan poistaa rikkomuksen täysin.

*Pelastus armosta*

Meidän täytyy pyrkiä vastustamaan kiusausta keskittyä ainoastaan toiseen näistä totuuksista. Anteeksianto ja oikeudenmukaisuus ovat olemassa rinnakkain, ja molemmat niistä menettävät merkityksensä, jos ne erotetaan toisistaan. Useimmat vanhemmatkin oppivat nopeasti, että jos he haluavat pitää huolta lapsistaan, heiltä vaaditaan sekä rakkautta että oikeudenmukaisuutta.

Aina kun pyhä Jumala tulee vastatusten pahuuden kanssa, hänen täytyy reagoida siihen, sillä rakkauden täytyy vastata pahuuteen puhtaudella, jotta se voi säilyä rakkautena. Jumala ei olisi rakastavampi, jos hän jättäisi rankaisematta synnin samalla, kun hän antaa sen anteeksi. Jos hän ei rankaisisi syntiä, hän ei olisi rakastava eikä oikeudenmukainen – ja näin hän toimisi oman jumalallisen luontonsa vastaisesti.

Silti synnistä huolimatta, jota vastaan Jumalan leimuava suuttumus kohdistuu, Isä ottaa ihmeellisen armon askeleen ja ottaa syntiset ihmiset luokseen ja läheisiksi ystävikseen. Tämä voi vaikuttaa liian helpolta, liian hyvältä ollakseen totta – varsinkin jos ymmärrämme, kuinka vahvasti pyhä Jumala tuomitsee syntiset himomme ja itsekkäät ajatuksemme. Mutta juuri tämä anteeksiannon ja tuomitsemisen yhdistelmä onkin pelastuksen ytimessä – ja se näkyy aina Jeesuksessa. Juuri hänessä jumalallinen anteeksianto ilmenee ja lähestyy meitä henkilökohtaisesti.

Jumalallinen anteeksianto on kelvottomia syntisiä kohtaan osoitetun aidon rakkauden käsittämätön lahja, ja se on myös ratkaisu ihmisten syvimpiin ongelmiin. Kuten kirjassa *Isän tunteminen* havaitaan, Jumala on sen alullepanija. "Meidän Isämme, meidän Lunastajamme" ottaa ensimmäisen askeleen. Koko ihmiskunnan tuomari tuo syylliset syntiset nauttimaan Isän rakkaudesta – jos he vain valitsevat, että heidät saa tuoda, ja haluavat ottaa vastaan hänen rakkautensa. Mutta jopa tämä haluaminen on hänen armonsa aikaansaannosta.

**Isän armo**
Monet uskovat kuulevat enemmän anteeksiannon ja

## Pyhyys, synti ja anteeksianto

pelastuksen hinnasta kuin Isän vapaasta ja ylitsevuotavasta armosta. Isän, joka halusi niin kovasti syntisten palaavan kotiin, että hän antoi ainoan Poikansa.

Meidän ei tarvitse ymmärtää kaikkea pelastuksesta voidaksemme ottaa sen vastaan. Meiltä ei vaadita, että käsittäisimme anteeksiannon koko hinnan ennen kuin voimme nauttia siitä – voimme oppia siitä myöhemminkin.

Anteeksiannon ainoa ehto on itse asiassa se, että vastaamme Isän armoon nöyrästi, kädet ojennettuina sekä kiitollisella ja iloisella sydämellä. Tulemme yksinkertaisesti Isän luo, kuten tuhlaajapoikavertauksen poika, ja luotamme Jumalan sanaan. Tämä on toinen ehdoton avain siihen, että voimme ymmärtää armosta saatavaa Jumalan tarjoamaa pelastusta.

Jos emme katso Isään ja hänen armoonsa, jos hän ei ole uskomme ja pelastuksemme keskipiste, saatamme antaa kuvan, että paras, mitä ihmiset voivat toivoa, on se, että Jeesus saa Jumalan jollakin tapaa suostuteltua juuri ja juuri sietämään syntisiä.

Saatamme myös ajatella, että Isän luo palaavien poikien ja tyttärien täytyy silti säilyttää tietty etäisyys Isään. Että meidän tulisi vuodattaa ylitsevuotavaa kiitollisuutta Jeesukselle siitä hyvästä, että hän sai kuin saikin Isän suostuteltua päästämään meidät takaisin kodin takahuoneeseen kaikista alhaisimpina palvelijoina.

Tämänkaltainen epäraamatullinen ajattelu johtaa passiivisuuteen, pelkoon, itsensä tuomitsemiseen, alhaisiin odotuksiin, rohkeuden puuttumiseen ja lakihenkisyyteen. Juuri tältä tuhlaajapojasta mahdollisesti tuntui hänen laahustaessaan kotia kohti. Hänen valmistelemansa puhe antaa ymmärtää, ettei hän, ollessaan matkalla kotiin, aidosti katunut valintojaan – hän ei silti uskonut isänsä hyvyyteen ja oli siksi edelleen kadoksissa, vieraantunut isästään.

Jeesuksen vertauksen isä ei tietenkään ollut tällainen, ja se on myös vääristynyt irvikuva taivaallisesta Isästä, joka lähetti Poikansa kaukaiseen maahan valmistamaan tien kotiin ja joka nyt odottaa suurella kaipauksella saavansa ohjata meidät

*Pelastus armosta*

hänen poikinaan ja tyttärinään ehdottomalla armollaan omaan läsnäoloonsa, vapautuneeseen iloon.

Uskovana oleminen on sen tietämistä, että Isä on määrittänyt identiteettiimme ristin kautta ja että hän kutsuu meitä nyt pojikseen ja tyttärikseen. Hän kutsuu meitä astumaan eteenpäin ja ottamaan vastaan meille perintönä kuuluvan pelastuksemme – lapsen asemaa kuvaavan viitan, auktoriteettia kuvaavan sormuksen, vapauden sandaalit ja niin edelleen.

Juuri tämä, Isän vapaa armo, oli alkusysäys Pojan lähettämiselle ja se, mille pelastus perustuu – niin että Isä voi avata kätensä ja toivottaa tervetulleeksi suuren joukon lapsiaan, jotka Poika tuo Hengen kautta Jumalan kirkkauteen.

# Osa 2

## Johdonmukaisuus itsensä kanssa

Kun ihmiset kysyvät, miksi Jeesuksen ristinkuolema oli pelastuksen kannalta niin välttämätön asia, kristityt ovat perinteisesti käyttäneet vastauksissaan "vaatimusten täyttämiseen" tai "tyydyttämiseen" liittyvää sanastoa.

Vaikka sanat "tyydyttää", "täyttää vaatimus" ja "vaatimuksen täyttäminen" eivät esiinnykään Raamatussa ristin yhteydessä, seurakuntien johtohenkilöt ovat kaikilla vuosisadoilla ja kaikissa kirkkokunnissa pitäneet kiinni siitä, että jonkinlaista "vaatimusten täyttämistä" tai "tyydyttämistä" tarvittiin, jotta pyhä Jumala saattoi antaa synnit anteeksi. He eivät vain ole aina olleet samaa mieltä siitä, *mikä* ja *kenen* vaatimus täytettiin – ja *miksi*.

### Paholaisen vaatimus täytetty

Aina 100-luvun Kreikan kirkon ajoista lähtien jotkut johtajat ovat olleet tiukasti sitä mieltä, että Jeesuksen ristinkuolema oli hinta, jonka paholainen vaati päästääkseen vangitsemansa ihmiset vapaiksi, ja että Jeesus kesti ristin kärsimykset täyttääkseen paholaisen oikeuden vaatimuksen.

Tämä ajatus kuitenkin yliarvioi paholaisen voiman ja arvovallan – aivan kuten jotkut uskovat sivuuttavat hänet ja aliarvioivat hänen voimansa. Vaikka paholainen pitikin ihmiskuntaa vankinaan Eedenin ja ristin välisen ajan ja oli synnin ja kuoleman herra ja vaikka Jeesus tuli vapauttamaan meidät paholaisen vallasta, paholainen on aina ollut vain kapinallinen ja anastaja. Hän ehkä sai joitakin ihmiskuntaa koskevia "oikeuksia" synnin seurauksena, mutta hän ei ole koskaan saanut mitään sellaisia oikeuksia, joiden vaatimus Jumalan olisi "täytynyt" "täyttää".

*Pelastus armosta*

Osassa 7 käsitellään Golgatalla tapahtunutta paholaisen kukistamista sen koko laajuudessa. Vaikka onkin syytä muistaa, että Jeesus on voittanut lopullisesti ja vapauttanut meidät paholaisen vallasta, emme saa ajatella, että paholaisella olisi ollut jokin oikeus, jonka vaatimus Jumalan täytyi täyttää.

**Lain vaatimus täytetty**
Pyhän Ambrosiuksen (300-luvulla elänyt "kirkkoisä") tavoin on aina ollut kristittyjä, jotka selittävät ristin pitämällä kiinni siitä, että lain vaatimus vaati täyttämistä. He väittävät, että synti halveksuu Jumalan lakia eikä noudata sitä ja että syntisille aiheutuu automaattisesti rangaistus lain rikkomisesta.

He ovat sitä mieltä, että laki täytyi pitää voimassa ja sen rangaistukset maksaa – syntisiä ei voitu vain "päästää pälkähästä". Tästä syystä tarvittiin ristiä täyttämään lain vaatimus.

Nämä uskovat perustelevat väitettään usein Danielin kirjan luvulla 6. Vaikka kuningas Dareios kunnioitti Danielia ja halusi pelastaa tämän, persian lain täytyi toteutua – rangaistus täytyi maksaa. He väittävät, että samalla tapaa myös Jumala rakastaa syntisiä ja haluaa pelastaa heidät mutta ei voi toimia sen lain vastaisesti, joka on tuominnut syntiset – ja siksi tarvittiin ristiä.

Jumala ei kuitenkaan ole Dareioksen tavoin sidottu mihinkään muodollisten sääntöjen kokoelmaan, mikä olisi ikään kuin huijannut hänet toteuttamaan ristin suunnitelman. Eikä laki ole jokin joustamaton lakikokoelma, johon kuuluu automaattisia rangaistuksia, jotka määrittävät, miten Jumala voi toimia. Laki ei ole Jumalasta erillinen ehdoton sääntökokoelma, jonka vaatimus hänen täytyy täyttää. Pohjimmiltaan on kyse Jumalan luonnon vaatimuksen täyttämisestä, ei hänen lakinsa vaatimuksen täyttämisestä.

Lain painottamisessa on mukana hitunen totuutta, sillä Galatalaiskirjeen jakeet 3:10–13 opettavat selvästi, että Kristus lunasti meidät vapaiksi lain kirouksesta tulemalla itse kirotuksi meidän sijastamme. Lain vaatiman rangaistuksen täytyi

## Johdonmukaisuus itsensä kanssa

toteutua, mutta tämä ei ole sama kuin opettaa, että itse lain vaatimus täytyi täyttää.

Aivan kuten vapauttamisemme paholaisen vallasta ei tarkoita sitä, että hänellä olisi ollut oikeuksia, joiden vaatimus Jumalan täytyi täyttää, samoin lunastamisemme vapaiksi laista ei tarkoita, että lailla olisi ollut vaatimuksia, jotka Jumalan täytyi täyttää. Lunastus ja voitto ovat seurauksia rististä, eivät sen perimmäisiä syitä.

Kirjassa *Pojan tunteminen* havaitaan, että alistuminen oli Jeesuksen lapseuden ydintä. Yhdellä tasolla voidaan sanoa, että Jeesuksen alistuminen laille oli välttämätöntä sen kannalta, että meidät voitiin pelastaa lain tuomiolta – sillä Jeesus sekä täytti lain vaatimukset että kantoi tuomion. Syvempi totuus kuitenkin on, että Jeesus alistui Isän persoonalle pikemmin kuin lain periaatteille. Hänen alistumisensa laille sen täyttämiseksi ja rangaistuksen kantamiseksi oli siis vain seurausta hänen henkilökohtaisesta alistumisestaan Isälle.

Aivan kuten Jumala ei ollut paholaiselle velkaa mitään, hän ei myöskään ollut lain vanki. Totuus on, että Jumala oli lain Luoja ja että laki tuomitsee synnin, koska lain lähde on pyhä Jumala.

Kirjoissa *Elävä usko* ja *Jumalan kuunteleminen* havaitaan, että Jumalan jokainen sana on Jumalan ilmoitusta itsestään. Myös pyhä laki ilmoittaa siis pyhän Jumalan: ja näin ollen lain vaatimuksiakaan – mukaan lukien synnin tuomitsemista ja synnin kirousta – ei voida erottaa Jumalan omasta luonnosta.

Tästä voidaan päätellä, että onkin luultavasti paljon paikkansapitävämpää ajatella, että itse pyhän Jumalan vaatimus täytyi täyttää pikemmin kuin painottaa, että itsenäisen, persoonattoman sääntökokoelman vaatimus täytyi jotenkin täyttää.

### Jumalan kunnian ja oikeudenmukaisuuden vaatimukset täytetty

Nykyään useimmat evankeliset kristityt uskovat, ettei Jumala ollut paholaiselle velkaa mitään paitsi rangaistuksen tämän

*Pelastus armosta*

kapinasta, mutta että ihmiskunta oli jotakin velkaa Jumalalle. He samaistavat tämän velaksi, joka täytyi maksaa – tai täyttää – ristillä. Tätä käsitellään osassa 5.

Jotkut hengelliset johtajat esittävät Jumalan synnin uhrina ja selittävät ristin olevan Jumalan "kunnian" vaatimuksen täyttämistä – ajatus, joka sai alkunsa Pyhältä Anselmilta, 1000-luvulla vaikuttaneelta Canterburyn arkkipiispalta.

Toiset taas esittävät Jumalan synnin tuomitsijana ja selittävät ristin olevan "oikeudenmukaisuuden" vaatimuksen täyttämistä. Tämä ajatus sai alkunsa 1200-luvulla Tuomas Akvinolaiselta ja Duns Scotukselta. Uskonpuhdistuksen jälkeen Calvin ja Cranmer kehittelivät sitä vielä pidemmälle, ja vuonna 1647 se kirjattiin Westminsterin tunnustukseen.

Jumalan "kunniaa" painottavat johtajat väittävät, että tekemällä syntiä (kun emme tunnusta Jumalaa Herraksi emmekä antaudu hänelle täysin) me olemme anastaneet Jumalalle kuuluvan kunnian. Ja että pyhyytensä tähden Jumala ei voi sivuuttaa tätä varkautta. He järkeilevät, että jos haluamme saada anteeksiannon, meidän täytyy ensin palauttaa tuo anastettu kunnia. Mutta siihen emme kykene. Tämänhetkinen kuuliaisuutemme ei voi korvata menneitä syntejämme, sillä kuuliaisuutta meiltä vaaditaan joka tapauksessa, eikä kukaan toinen syntinen voi tuoda hyvitystä puolestamme.

He sanovat, että armossaan Jumala lähetti Jeesuksen "täysin Jumalana ja täysin ihmisenä" uhraamaan synnittömän elämänsä Jumalan loukatun kunnian vaatimuksen täyttämiseksi. He myös päättelevät, että uhraamalla armosta ehdottoman täydellisyytensä Jeesus palautti kunnian, jonka ihmiskunta oli anastanut.

Ne taas, jotka keskittyvät Jumalaan tuomarina ja painottavat hänen oikeudenmukaisuutensa vaatimuksen täyttämistä, sanovat, että Jumalan vanhurskauden ja meidän väärämielisyytemme välillä on perustavanlaatuinen ristiriita, jota ei voida sovittaa.

He sanovat, että Jumalan jatkuva viha koko maailman syntejä kohtaan täytyy lepyttää, kuluttaa loppuun tai täyttää

## Johdonmukaisuus itsensä kanssa

ja että Isä lähetti synnittömän Poikansa, joka on "täysin Jumala ja täysin ihminen", täyttämään Jumalan syntiä vastaan kohdistuvan oikeudenmukaisuuden vaatimuksen ja tekemään anteeksiannon mahdolliseksi.

Useimmat kristityt eivät tietenkään pidä tiukasti kiinni vain yhdestä näistä vaatimuksen täyttämiseen liittyvistä ajatuksista. Monet esimerkiksi opettavat, että Kristuksen täydellinen kuuliaisuus elämässään ja kuolemassaan täytti Jumalan lain vaatimuksen ja että Kristuksen täydellinen syntiuhri ja se, että Kristus otti ylleen lain vaatiman rangaistuksen kuolemassaan, täytti myös Jumalan oikeudenmukaisuuden vaatimuksen.

### Jumala itse

Totuus kuitenkin on, että – yksinään – yksikään näistä ajatuksista ei ole riittävä selitys vaatimusten täyttämiselle. Eiväthän nimittäin lain, jumalallisen kunnian tai pyhän oikeudenmukaisuuden vaatimukset tarvitse täyttämistä, vaan itse Jumalan vaatimus. Hän ei ole ainoastaan synnin uhri, jonka kunnia on viety, tai vain sivuutettu lain laatija tai pelkästään tunnollinen tuomari, joka tuomitsee synnin – hän on kaikkia näitä, ja paljon enemmän.

Kun puhutaan lain, kunnian, oikeudenmukaisuuden tai jonkun muun vaatimuksen täyttämisestä, ongelma on siinä, ettemme voi antaa ymmärtää, että Jumala olisi jonkun hänestä erillisen seikan ohjailtavissa. Täyttämistä vaatii nimenomaan Jumalan vaatimus, hänen koko henkilökohtaisen olemuksensa (hänen ehdottoman pyhyyteensä) vaatimus – ei siis vain jonkin tietyn hänen puolensa tai hänestä erillisen sääntökokoelman tai ominaisuuden vaatimus. Synti on ensisijaisesti ja pohjimmiltaan aina rikkomus Jumalaa vastaan, ja juuri tämä rikkomus täytyy käsitellä – täyttää. Raamattu kyllä puhuu pelastuksesta usein oikeudellisilla tai lainopillisilla termeillä, sillä Jumalan vaatimusta ei voida täyttää ilman hänen oikeudenmukaisuuden vaatimuksena täyttämistä. Meidän täytyy kuitenkin jatkuvasti pitää mielessämme, että

*Pelastus armosta*

risti tapahtui Jumalan luonnon ja luonteen vaatimuksen täyttämiseksi kaikilta osin.

**Johdonmukaisuus itsensä kanssa**
Jotkut ihmiset suhtautuvat kielteisesti jumalallisen itseriittoisuuden ajatukseen sen epämiellyttävän inhimillisen vastineen vuoksi. He ajattelevat, että niillä, jotka aina yrittävät vain täyttää omat tarpeensa, ei ole itsehillintää, ja että itseriittoisilla ihmisiltä puuttuu nöyryyttä.

Jumala on kuitenkin täydellinen: hänen itsehillintänsä on täydellinen ja hän on äärettömän nöyrä. Tämän vuoksi jumalallinen itseriittoisuus onkin täysin erilaista kuin inhimillinen itseriittoisuus.

Kun sanotaan, että Jumalan täytyy täyttää omat vaatimuksensa, sillä tarkoitetaan, että hänen täytyy olla oma itsensä, että hänen täytyy olla uskollinen luonnolleen, että hänen täytyy toimia johdonmukaisesti luontonsa täydellisyyden vaatimalla tavalla.

Raamattu painottaa, ettei Jumala voi kieltää itseään, olla ristiriidassa itsensä kanssa tai valehdella. Hän ei koskaan ole mielivaltainen, arvaamaton tai oikukas. Hän on aina uskollinen itselleen, aina johdonmukainen oman luontonsa kanssa, aina "täysin oma itsensä". Tämä havaitaan esimerkiksi kohdissa 5. Moos. 32:4; Ps. 89:33; 2. Tim. 2:13; Tit. 1:2 ja Hepr. 6:18.

Raamattu korostaa Jumalan itseriittoisuutta, hänen johdonmukaisuuttaan itsensä kanssa, pääosin neljällä tavalla. Nämä osoittavat, että Jumala tuomitsee syntiset yksinkertaisesti siitä syystä, että hänen täytyy – hänen täytyy pysyä uskollisena itselleen ja olla täydellisen "johdonmukainen itsensä kanssa".

1. Jumalan vihan herättäminen
Vanhassa testamentissa Jumala kuvaa itseään sanomalla, että Israelin epäjumalanpalvonta "herättää" hänen vihansa ja mustasukkaisuutensa, ja myös profeetat toistivat tätä samaa ajatusta usein. "Herättää" merkitsee "saada aikaan reaktio". Synti

## Johdonmukaisuus itsensä kanssa

saa aikaan reaktion Jumalassa: hänen pyhän vihansa. Viha ei siis ole osa Jumalan luontoa, se on Jumalan luonnosta syntyvä reaktio – se on hänen vanhurskas reaktionsa syntiä vastaan. Viha täytyy herättää Jumalassa – saada aikaan hänessä –, ja sen herättää synti. Sanan "herättää" hepreankielinen vastine on *kaac*, ja siihen sisältyy ajatus siitä, että ihmiset voivat vaikuttaa syvälle Jumalan sydämeen ja saada hänessä aikaan eriasteista kiivautta, kipua tai surua. Tämä havaitaan esimerkiksi kohdista 5. Moos. 32:16–21; Tuom. 2:12; 1. Kun. 15:30, 21:22; 2. Kun. 17:17, 22:17; Ps. 78:58; Jer. 32:30–32; Hes. 8:17 ja Hoos. 12:14.

Tämä ei tarkoita, että Jumala olisi ollut ärsyyntynyt israelilaisten käytöksestä. Raamatullinen herättäminen tässä yhteydessä ilmaisee yksinkertaisesti Jumalan *väistämätöntä* reaktiota pahuuteen. Jumala ei koskaan suvaitse syntiä – eikä erityisesti epäjumalanpalvontaa. Missä ja milloin tahansa syntiä ilmenee, se "herättää" aina Jumalan vihan.

Jumalan viha ei koskaan herää ilman hyvää syytä. Vain synti herättää hänen vihansa – ja sen täytyykin herättää hänen vihansa, muuten hän ei olisi ja käyttäytyisi kuin Jumala. Yksinkertaisesti sanottuna: jos Jumalan vihaa ei herättäisi jokin, mikä on hänen luontonsa vastakohta, hän ei olisi Jumala.

2. Jumalan leimuava viha
Jumalan vihaa kuvataan Raamatussa usein sanojen "syttyä" tai "leimuta" kaltaisilla sanoilla. Jakeiden Joos. 7:1, 23:16; Tuom. 3:8; 2. Sam. 24:1; 2. Kun. 13:3, 22:13 ja Hoos. 8:5 kaltaisissa kohdissa kerrotaan, kuinka Jumalan viha leimuaa, kun hän näkee kansansa olevan tottelematon lailleen ja rikkovan hänen liittonsa.

Vanha testamentti osoittaa, että Jumalan viha "leimuaa", kun synti on ensin "herättänyt" hänen vihansa. Tämä havaitaan esimerkiksi kohdista 5. Moos. 29:27–28; 2. Kun. 22:17; Ps. 79:5; Jer. 4:4, 21:12; Hes. 36:5–6, 38:19 sekä Sef. 1:18 ja 3:8.

Vihan tuli on Jumalan väistämätön reaktio pahuuteen – mutta se ei koskaan roihua hallitsemattomana. Kohdat 2.

*Pelastus armosta*

Moos. 32:10; Jer. 44:22 ja Hes. 24:13-14 osoittavat, että Jumala *ei kykene* sietämään kapinaa, ja kohdissa Ps. 78:38; Jes. 48:9; Valit. 3:22; Room. 2:4 ja 2. Piet. 3:9 taas kerrotaan, kuinka hän armollisesti hillitsee vihansa.

Kun Jumalan vihan tuli on "herätetty", se on kuitenkin äärettömän vaikea sammuttaa. Tämä havaitaan esimerkiksi kohdissa 2. Kun. 23:26, 22:17; 2. Aik. 34:25 ja Jer. 21:12. Kun Jumalan viha palaa ihmisiä vastaan, se kuluttaa heidät – kuten kohdissa 4. Moos. 11:1; 5. Moos. 4:24, 6:15; Ps. 59:13; Jes. 10:17, 30:27; Valit. 2:3; Hes. 22:31 ja Sef. 1:18. Lisäksi hänen vihansa tyyntyy vasta, kun tuomio on täydellinen tai kun on tapahtunut jokin radikaali muutos. Tämä havaitaan kohdissa Joos. 7:26; Jer. 4:4, 21:12; Hes. 5:13, 16:42 ja 21:17.

Tästä ilmenee, että Jumalan pyhyydessä on jotakin, jonka pahuus voi herättää ja sytyttää liekkiin – tätä kutsutaan "hänen vihakseen". Tämä viha palaa sitten siihen asti, kunnes pahuus on kulutettu loppuun ja tuo viha on "täytetty".

3. Jumalan vaatimusten kokonaisvaltainen täyttäminen
Vanhassa testamentissa Jumalan vihan yhteydessä käytetään usein heprean kielen sanaa *kalah*. *Kalah* merkitsee jonkin loppua, ja se on käännetty esimerkiksi sanoilla "tyhjentää", "panna täytäntöön", "kuluttaa", "syöstä", "purkautua" ja "tyynnyttää".

Sanaa *kalah* käytetään Vanhassa testamentissa usein osoittamaan, että aika, työnteko ja elämä kaikki loppuvat aikanaan, että kyyneleet ehtyvät, että ruoho lakastuu kuivuudessa, että ihmisvoimat kuluvat loppuun ja niin edelleen.

Profeetat kuitenkin käyttävät sanaa *kalah* osoittamaan, että Jumala "tyhjentää", "tyynnyttää" tai "panee täytäntöön" vihansa kansaansa kohtaan – esimerkiksi kohdissa Hes. 5:13, 6:12, 7:8, 13:15; 20:8 ja 21 sekä Valit. 4:11.

*Kalah* antaa ymmärtää, että Jumalan viha tyyntyy vasta, kun se on täysin tyydytetty. Tämä ei johdu siitä, että Jumala olisi joku tyranni. Se johtuu siitä, että kaikki mitä hänessä on,

## Johdonmukaisuus itsensä kanssa

täytyy tulla tuoduksi esiin, ja se, mikä on tuotu esiin, täytyy saattaa loppuun. Kun näitä kolmea kuvaa tarkastellaan yhdessä, havaitaan seuraavat seikat: synti "herättää" Jumalan mustasukkaisen vihan; kun viha on herätetty, se "palaa", kunnes se on "tyydytetty" tai "tyhjentynyt" ja kunnes synti on täysin "kulunut loppuun"; tämä viha virtaa väistämättä Jumalan luonteesta ja se on hänen pyhyytensä ilmentymä tai ilmoitus siitä.

### 4. Jumalan nimi

Neljäs tapa, jolla Raamattu korostaa Jumalan johdonmukaisuutta itsensä kanssa, on käyttämällä nimitystä Jumalan "nimi". Jumalan nimeä tarkastellaan kirjassa Isän tunteminen, ja siinä havaitaan, että "nimi" edustaa itse Jumalaa. Sillä viitataan täydelliseen ilmoitukseen kaikesta, mitä hänestä tiedetään. Esimerkiksi:

- ◆ "Jumalan nimi" julistettiin Moosekselle, kun Jumala kulki hänen edtiseen ja ilmoitti luontonsa – 2. Moos. 34:5-6

- ◆ "huutaa avuksi Herran nimeä" merkitsi hänen ylistämistään Jumalana – 1. Moos. 21:33 ja 26:25 (vrt. v. 1933 käännös)

- ◆ "hänen nimensä unohtaminen" oli luopumista Jumalasta – Jer. 23:27 (vrt. v. 1933 käännös)

- ◆ "Herran nimen käyttäminen väärin" oli hänen jumalallisen majesteettisuutensa loukkaamista – 2. Moos. 20:7.

Voidaankin sanoa, että raamatulliseen ilmaukseen "Jumalan nimi" tiivistyy Jumalan ihmeellinen luonto ja luonne niiden koko täyteydessä. Se viittaa Jumalan kansalleen antamaan täydelliseen ilmoitukseen itsestään.

Vanhassa testamentissa Jumalan nimi oli vakuus kaikesta, mitä hän oli luvannut olla israelilaisille ja tehdä heidän

*Pelastus armosta*

hyväkseen. Tämä havaitaan esimerkiksi kohdissa 1. Sam. 12:22 ja Ps. 25:11.

Israelilaisille ilmaukseen "Herran nimi" sisältyivät kaikkein tärkeimmät tosiseikat siitä, mitä heille oli ilmoitettu Jumalasta ja miten he olivat oppineet hänet tuntemaan. Heidän Jumalansa oli kaikkivoipa taivaan ja maan Luoja. Hän oli kutsunut heidät armontäyteiseen liittosuhteeseen. Varmuus siitä, ettei Jumala koskaan hylkää liittoaan tai peru lupauksiaan tai ole mitään muuta kuin täysin "johdonmukainen itsensä kanssa", on lähes aina sen taustalla, kun ilmausta "Herran nimi" käytetään.

Vanhassa testamentissa tehdään selväksi, että Jumala toimii aina nimensä mukaisesti, luontonsa koko täyteyden – siis pyhyytensä – mukaisella tavalla. Tämä havaitaan esimerkiksi kohdissa Jer. 14:1–21 sekä Hes. 20:44 ja 36:1–23.

Kun Jumala toimii nimensä tähden, hän ei sillä suojele itseään siltä, että hänet esitettäisiin väärässä valossa. Hän on yksinkertaisesti johdonmukainen itsensä kanssa. Jumala ei ole niinkään huolestunut maineestaan. Mutta hänen luonteensa pakottaa hänet olemaan aina johdonmukainen – täyttämään omat vaatimuksensa.

Tämä tarkoittaa sitä, että Jumala on Jumala. Hän ei voi kieltää tai hylätä mitään osaa luonnostaan – hän ei voi olla epäjohdonmukainen tai ristiriidassa itsensä kanssa –, sillä hän on aina uskollinen kaikelle sille, mitä hän on. Hän ei koskaan poikkea olemasta täysin se, kuka hän on. Kuten kirjassa *Isän tunteminen* opitaan, tämä ilmaistaan Jumalan henkilökohtaisella nimellä *Jahve*, jonka Jumala ilmoitti Moosekselle, kun hän tuli vapauttamaan kansansa Egyptistä ja täyttämään liittonsa. *Jahve* merkitsee "olen kuka olen". Jumala on kuka hän on, hän on oma pyhä itsensä, eikä hän voi olla mitään muuta.

**Jumalan oikeudenmukainen rakkaus**
Jumalan johdonmukaisuus itsensä kanssa merkitsee, että hänen täytyy antaa anteeksi syntisille ja sovittaa heidät

## Johdonmukaisuus itsensä kanssa

itsensä kanssa tavalla, joka on täysin johdonmukainen hänen luonteensa kanssa.

Jotta pelastus olisi todellinen, Jumalan täytyy voittaa paholainen voidakseen vapauttaa hänen vangitsemansa ihmiset. Hänen täytyy täyttää oikeudenmukaisuutensa, kunniansa ja vihansa vaatimukset. Mutta mikä vielä tärkeämpää, hänen täytyy täyttää omat vaatimuksensa – Jumalan täytyy täyttää äärettömän olemuksensa jokaisen puolen, mukaan lukien oikeudenmukaisuutensa *ja* rakkautensa, vaatimukset.

Hoosean kirjan jakeissa 11:1–11 vihjataan pelastukseen liittyvästä jännitteestä, jota Jumala kokee, kun hänen oikeudenmukaisuutensa ja rakkautensa vaikuttavat olevan ristiriidassa keskenään. Israel, Jumalan lapsi, ansaitsi tulla rangaistuksi hengellisen aviorikoksensa ja sen tähden, että se harkitusti kieltäytyi tekemästä parannusta, mutta kuinka Jumala olisi voinut tuhota oman lapsensa?

Tämä on se luova jännite sen välillä, mitä Jumalan pitäisi tehdä oikeudenmukaisuutensa tähden, ja sen, mitä hän ei halua tehdä rakkautensa tähden. Ikuinen Jumalan sisäinen jännite hänen myötätuntonsa ja hänen vihansa välillä.

### Rinnakkaiset ja toisiinsa liittyvät ominaisuudet

Läpi koko Raamatun, molemmissa testamenteissa, niin Jeesuksen kuin Paavalinkin sanoissa, Jumalan rakkaus ja Jumalan viha esiintyvät yhdessä ja niitä pidetään täydellisessä jännitteessä sen osoittamiseksi, ettei meidän tule keskittää ajatuksiamme yhteen hänen luontonsa puoleen ja unohtaa sen vastinetta. Esimerkiksi:

- ◆ Hän on laupias ja armollinen, mutta hän ei jätä syyllistä rankaisematta – 2. Moos. 34:6–7.

- ◆ Armo ja totuus kohtaavat hänessä, vanhurskaus ja rauha suutelevat toisiaan – Ps. 85:10 (vrt. v. 1933 käännös).

- ◆ Hän on vanhurskas Jumala ja pelastaja – Jes. 45:21.

- ◆ Hänen vihassaan on laupeutta – Miika 7:18 ja Hab. 3:2.

*Pelastus armosta*

- Hän on täynnä armoa ja totuutta – Joh. 1:14.
- Hän on vanhurskas ja tekee vanhurskaaksi – Room. 3:26.
- Hän on hyvä ja ankara – Room. 11:22 (vrt. v. 1938 käännös).
- Hän on täynnä vihaa, ja hänen laupeutensa on runsas – Ef. 2:3–4.
- Hän on uskollinen ja vanhurskas – 1. Joh. 1:9.

On leväperäistä ajatella, että Jumala on esimerkiksi vain rakkaus. Jumala on kyllä rakkaus, mutta se ei ole koko totuus, sillä yksikään ihmisten keksimä sana ei voi täysin kuvata Jumalan ääretöntä luontoa. Jumalan rakkaus on niin todellista, niin ääretöntä ja niin puhdasta, että se on aina *vanhurskasta rakkautta*.

Edellä todettiin, että Raamatussa käytetään ilmausta "nimi" viittaamaan Jumalan luontoon sen koko täyteydessä ja että Jumalan "pyhyys" tai "täydellinen erottuminen" on seurausta kaikista hänen ominaisuuksistaan. On vaarallista keskittyä vain yhteen Jumalan luonteen puoleen, sillä hän on täynnä ominaisuuksia, jotka ovat näennäisesti toistensa vastakohtia, mutta jotka – todellisuudessa – ovat täydellisessä tasapainossa toistensa kanssa ja jotka liittyvät läheisesti toisiinsa.

Raamattu käsittelee tätä esittelemällä esimerkiksi Jumalan rakkauden ja vihan, hänen hyvyytensä ja vanhurskautensa, hänen armonsa ja oikeudenmukaisuutensa, hänen korkean asemansa ja läsnäolonsa jne. rinnakkaisina, toisiinsa liittyvinä totuuksina, jotka saattavat maan päällä näyttää vastakohdilta mutta jotka yhdistyvät yhdeksi Jumalan ihmeellisessä rajattomuudessa.

Meidän ei tule pyrkiä yhdistämään näitä paradoksaalisia ominaisuuksia yhdeksi teologiseksi sekoitukseksi, sillä se tuhoaisi raamatullisen ilmoituksen Jumalan arvoituksellisuudesta. Raamatussa nimittäin aina painotetaan Jumalan luonnon rinnakkaisten puolten jatkuvaa, samanaikaista ilmestymistä.

## Johdonmukaisuus itsensä kanssa

Osassa 6 käsitellään Jumalan ilmoitusta itsestään ristillä ja havaitaan, kuinka Jumala tuo tuossa yhdessä tapahtumassa esiin sekä vihansa että rakkautensa. Risti on suurin mahdollinen ilmoitus Jumalan äärettömästä rakkaudesta *ja* hänen kaiken polttavasta vihastaan – hänen joustamattomasta vanhurskaudestaan *ja* hänen armollisesta laupeudestaan jne.

Risti osoittaa, ettei näitä ominaisuuksia ole mahdotonta sovittaa toisiinsa ja että niistä ei muodostu sekamelskaa. Itse asiassa ne voimistavat toisiaan, sillä käsitämme Jumalan ristillä osoittaman rakkauden suuruuden vain, jos ymmärrämme hänen ristillä osoittamansa vihan laajuuden.

Jumala ei ole ristiriidassa itsensä kanssa. Hänessä ei ole ristiriitaisuuksia, sillä Jumalassa ei voi olla ristiriitoja. Hän ei koskaan ole epävarma teoistaan tai hämillään suunnitelmiensa suhteen. Hän on olemassa ikuisessa tasapainossa. Hän on täydellisen rauhan Jumala, mutta sellaisen rauhan, jossa häneen liittyvät ominaisuudet ovat täydellisessä luovassa jännitteessä.

Jos haluamme ymmärtää pelastusta oikein, meillä täytyy ensin olla raamatullinen kuva Jumalasta – minkä vuoksi tässä *Hengen miekka* -kirjasarjassakin kirja *Isän tunteminen* ilmestyi ennen tätä kirjaa.

Jumala ei ole kaiken salliva "isi", joka tekee kompromissin pyhyytensä kanssa säästääkseen ja hemmotellakseen meitä. Toisaalta hän ei myöskään ole kostonhimoinen "tyranni", joka tukahduttaa rakkautensa murskatakseen ja tuhotakseen meidät. Taivaan ja maan Luoja on sitä vastoin sekä isällinen että kaikkivaltias. Maailmankaikkeuden kuningas ei koskaan toimi tyrannimaisesti, sillä hän on Isä. Ja vanhurskas tuomari toimii aina laupeudella, sillä hänen rakastava isyytensä muovaa hänen toimintaansa.

Koko kristillinen uskomme on sen varassa, että tunnemme Jumalan. Ja pelastuksen koko tarkoitus on se, että me voisimme tuntea Isän – tarkasti, läheisesti, henkilökohtaisesti ja ikuisesti.

Joten miten Jumala voi "täyttää" oikeudenmukaisuutensa ja vihansa vaatimukset kuluttamatta meitä loppuun? Kuin hän

*Pelastus armosta*

voi "täyttää" rakkautensa vaatimuksen katsomatta syntejämme läpi sormiensa? Kuinka hän voi samanaikaisesti sekä rakastaa meitä että täyttää omat vaatimuksensa? Kuinka hän voi olla täysin "johdonmukainen itsensä kanssa"? Nämä ovat niitä vaikeita kysymyksiä, jotka ovat ristin ytimessä – paikan, missä Jumala tuli sijaiskärsijäksi ja uhrasi itsensä koko ihmiskunnan pelastumisen puolesta.

# Osa 3

# Sijaiskärsimys ja uhri

Jumalan itseriittoisuus, johdonmukaisuus itsensä kanssa, merkitsee, että hän on aina uskollinen itselleen kaikilta osin. Hän ei toimi joissakin olosuhteissa yhden ominaisuutensa mukaan ja sitten toisenlaisissa olosuhteissa jonkin toisen ominaisuuden mukaan. Jumala ei koskaan ilmennä yhtä ominaisuutta jonkin toisen kustannuksella – sillä kaikki hänen ominaisuutensa liittyvät toisiinsa ja kuuluvat yhteen. Hän ilmaisee aina luonteensa sen koko täyteydessä.

Edellä havaittiin, että vaikein anteeksiantoon liittyvä kysymys on: "Kuinka Jumala voi olla uskollinen kaikelle, mitä hän on?" Kuinka hän voi samanaikaisesti ilmaista sekä pyhää vihaansa syytöksissä ja tuomiossa *että* armollista rakkauttaan myötätunnossa ja anteeksiannossa?

Aivan seurakunnan alkuajoista lähtien kristillinen vastaus on aina ollut, että Jumala täytti itse omat vaatimuksensa (että hänen oikeudenmukaisuutensa ja pyhän vihansa vaatimukset täytettiin, että hän toimi johdonmukaisesti itsensä kanssa) antamalla "sijaiskärsijän" syntisten edestä. Tällä tapaa sijaiskärsijä saa kantaakseen syytökset ja tuomion, kun taas syntinen saa nauttia myötätunnosta ja anteeksiannosta.

Äärettömässä armossaan Jumala halusi antaa meille anteeksi, ja ikuisessa vanhurskaudessaan hän halusi antaa meille anteeksi oikeudenmukaisesti – sivuuttamatta syntejämme ja katsomatta niitä läpi sormiensa. Tätä kutsutaan "vaatimusten täyttämiseksi sijaisrangaistuksen avulla". Jumala toimi johdonmukaisesti itsensä kanssa keskittämällä koko oikeudenmukaisen vihansa sijaiskärsijään, jonka hän armossaan antoi (itseensä oman Poikansa persoonassa), ja vuodattamalla armollisen

*Pelastus armosta*

rakkautensa sen koko täyteydessä meille – syntisille, jotka eivät sitä ansainneet.

Edellä havaittiin, että eri kirkkokunnat ovat kautta aikojen kamppailleet ymmärtääkseen, mitä Raamattu sanoo siitä, *kenen* ja *mitkä* vaatimukset täytettiin ristillä. Lisäksi ne ovat kamppailleet ymmärtääkseen sitä, kuinka Jumala "toimi itse sijaiskärsijänä" ja mitä sijaiskärsimys tarkoittaa – sillä Raamattu ei ilmoita tätä yksinkertaisesti ja selkeästi. Näitä ajatuksia kyllä opetetaan selkeästi Raamatussa, mutta niitä ei esitetä järjestelmällisesti. Tämän vuoksi kokonaiskuvan kokoaminen jääkin Raamatun tulkitsijan vastuulle.

Jos haluamme ymmärtää sijaiskärsimystä oikein, meidän täytyy perehtyä Raamatun opetuksiin tarkasti ja huolellisesti. Tämä täytyy aloittaa tarkastelemalla Vanhan testamentin uhreja – jotka valmistavat tietä sille, kuinka Jumala Kristuksessa toimi sijaisuhrina ristillä.

**Vanhan testamentin uhrit**
Uutta testamenttia on mahdotonta lukea tunnistamatta, että kirjoittajat pitivät Kristuksen kuolemaa uhrina. Tämä havaitaan esimerkiksi kohdissa Matt. 20:28; Joh. 3:16, 10:17–18; Room. 3:25, 4:25, 8:3 ja 32; 1. Kor. 5:7–8; 2. Kor. 5:18–21; Gal. 1:4, 2:20; Ef. 5:2 ja 25; 1. Tim. 2:6; Tit. 2:14; Hepr. 9:14 ja 26; 1. Piet. 3:18 ja 1. Joh. 4:9–10.

Vanhan testamentin uhraamisjärjestelmä on siis sen taustalla, kuinka Uudessa testamentissa suhtaudutaan Kristuksen kuolemaan. Tämä on kaikkein ilmeisintä Heprealaiskirjeessä, missä painotetaan, että Jeesuksen uhri on perimmäinen todellisuus, johon Vanhan testamentin järjestelmän "esikuvat" osoittavat.

**Ensimmäinen uhri**
Raamattu opettaa, että uhraaminen oli lähtöisin Jumalasta. Hän oli ensimmäinen, joka uhrasi. Hän oli ensimmäinen, joka vuodatti verta. Hän oli ensimmäinen, joka kärsi menetyksen aiheuttamaa surua. Hänen esimerkkinsä jakeessa 1. Moos. 3:21

## Sijaiskärsimys ja uhri

loi perustan kaiken jatkossa tapahtuneen uhraamisen tavoille ja periaatteille ja valmisti tien ristille.

Armossaan Jumala tarjosi tuomituille ihmisille nahkaiset vaatteet heidän syntinsä peitoksi ja vaatettamaan heidät heidän uutta, Edenin ulkopuolella odottavaa tehtäväänsä varten. On selvää, että joidenkin eläinten täytyi kuolla, jotta nämä armon vaatteet saatiin. Ja sen täytyi olla Jumala, joka surmasi ja nylki nämä arvokkaat, täydelliset eläimet, jotka hän juuri vasta oli luonut ja siunannut.

Tämä tapaus määrittää sen, kuinka uhraamisesta opetetaan muualla Vanhassa testamentissa, ja se myös selkeästi osoittaa Jumalan viimeiseen ja lopulliseen uhriin. Voidaan esimerkiksi havaita, että:

- ne, jotka uhrista hyötyivät, eivät ansainneet sitä millään tavoin
- ne, jotka kärsivät, olivat täysin syyttömiä
- uhri oli lopullinen
- verta vuodatettiin
- uhri oli täydellisessä kunnossa – vain paras kelpasi
- hinta oli erittäin suuri sekä "uhraajalle" että uhrille, sekä antajalle että lahjalle
- vaikuttimena toimivat tunteet olivat armo, rakkaus ja laupeus
- uhrista hyötyvillä ihmisillä oli vapaus hyväksyä tai torjua uhrattu lahja
- uhrin täytyi herättää hämmennystä, sillä lähettyvillä oli vielä paljon lisää viikunanlehtiä – vaikka niistä ei viileinä päivinä kummoista iloa olisikaan ollut!

**Ensimmäiset ihmisten uhraamat uhrit**
Ensimmäisen Mooseksen kirjan jakeissa 4:3–5 kerrotaan ensimmäisistä ihmisten Jumalalle uhraamista uhreista. Kain ja

*Pelastus armosta*

Abel toivat Jumalalle lahjansa, ja kohdissa Luuk. 11:50-51 ja Hepr. 11:4 selitetään, miksi Jumala mieltyi juuri Abelin uhriin. Abel oli profeetta, ja hän uhrasi laumansa esikoisen uskon tekona ja noudattaen Jumalan antamaa mallia veriuhrista.

Mikään tässä asiayhteydessä ei viittaa siihen, että tämä ensimmäinen veriuhri olisi annettu ainoastaan Jumalan mielisuosion ansaitsemiseksi tai hänen lepyttämisekseen. Vaikuttaa sitä vastoin siltä, että sen antamiseen liittyi aitoa uskoa ja kiitollisuutta.

Seuraavan uhrin antoi Nooa. Jae 1. Moos. 8:20 osoittaa, että kun vedenpaisumus oli ohi, Nooa rakensi alttarin ja uhrasi Jumalalle polttouhrina lintuja ja karjaeläimiä kiitoksena perheensä pelastumisesta. Tämä oli neljäs esimerkki Nooan kuuliaisuudesta – aiemmat löytyvät kohdista 1. Moos. 6:22, 7:5, 8:15-18 ja 20 –, ja Jumala oli niin hyvillään Nooan kuuliaisesta uhrista, että hän palkitsi tämän lupauksella ihmeellisestä siunauksesta (j. 8:21-9:17).

Abrahamilla täytyi olla tapana uhrata Jumalalle uhreja laumoistaan, muuten Iisak ei olisi osannut kysyä karitsasta jakeessa 1. Moos. 22:7. Tässä luvussa Jumala ensimmäistä kertaa pyysi uhria – ja hän halusi parasta.

Abrahamia käskettiin uhraamaan Iisak polttouhrina Morian vuorella – paikassa, johon Jerusalemin temppeli myöhemmin rakennettiin. Iisak, joka tuohon aikaan oli ehkä noin 30 vuoden ikäinen (hän oli 37-vuotias, kun Saara kuoli luvussa 23), oli valmis olemaan tuo uhri, ja hänen vanha isänsä oli valmis uhraamaan ainoan poikansa. Molemmat kuitenkin varmasti ihmettelivät syvästi tätä kuolemaa – erityisesti kaikkien Jumalan lupausten vuoksi, joita he vuosien saatossa olivat saaneet.

Kuten edellä havaittiin, usko ja uhraaminen liitettiin ensimmäisen kerran toisiinsa Abelin yhteydessä, ja uskosta myös Abraham tarttui veitseen ja oli valmis upottamaan sen poikaansa. Ihmisten järkeily vaikuttaa aina tulevan siihen johtopäätökseen, ettei uhraamista tarvita – mutta Abraham uskoi, että Jumala tiesi parhaiten.

## Sijaiskärsimys ja uhri

Abraham ei ymmärtänyt, miksi Jumala halusi hänen uhraavan poikansa. Vaikka Abraham lausuikin hämmästyttävän profetian jakeessa 22:14, hän ei tiennyt, että lähes 2000 vuotta myöhemmin Jumala kokisi samankaltaista, ainoastaan vahvempaa tuskaa tuolla samalla vuorella. Abraham yksinkertaisesti vain toimi uskossa ja oli valmis tottelemaan Jumalaa.

Jakeissa 1. Moos. 22:15-18 kerrotaan, kuinka Jumala vastasi Abrahamin suostumukseen uhrata oma poikansa vannomalla siunaavansa tätä suuresti. Abraham ja Iisak olivat olleet valmiita kuolemaan ilman palkkiota – heidän ainoa vaikuttimensa oli rakastava kuuliaisuus. Mutta Jumala puuttui armossaan tuohon tilanteeseen, antoi sijaisuhrin ja palkitsi tuon uhrin siunauksella. Tämä yhteys uhraamisen ja siunauksen välillä toistuu myös jakeissa 1. Moos. 46:1-4.

### Pääsiäinen

Egyptiläiset joutuivat kestämään kymmenen vitsausta, koska farao ei antanut israelilaisille lupaa mennä autiomaahan palvelemaan Jumalaa ja uhraamaan hänelle. Jakeet 2. Moos. 10:24-26 paljastavat kaksi periaatetta Vanhan testamentin uhraamisesta.

Ensinnäkin ihmisten täytyi antaa Jumalan ohjata heidän uhraamistaan, ja toisekseen he saivat uhrata ainoastaan sellaisia puhtaita eläimiä ja lintuja, jotka myös kuuluivat heille – täytyi olla aitoa uhrautumista, itsensä kieltämistä, josta maksettiin hintaa.

Kymmenes vitsaus oli äärimmäinen pyhän tuomion teko Egyptille *sekä* armollinen vapautuksen teko Israelille. Pääsiäinen, 2. Mooseksen kirjan luvuissa 11-13, oli samanaikaisesti todiste *sekä* Jumalan rakkaudesta *että* hänen oikeudenmukaisuudestaan, *sekä* hänen armostaan *että* hänen pyhyydestään.

Aivan kuten Aadamin ja Eevan oli täytynyt tehdä Edenissä, nytkin jokaisen perheen täytyi henkilökohtaisesti ottaa Jumalan huolenpito omakseen. Heidän täytyi uhrata paras

*Pelastus armosta*

eläimensä ja sivellä sen verta ovenpieliin. Tämä oli heidän uskontäyteinen vastauksensa Jumalan armoon. Ja jälleen kerran Jumala palkitsi kansansa kuuliaiset uhrit siunauksella – tällä kertaa pelastamalla ihmiset kuolemalta ja vapauttamalla koko kansan orjuudesta.

Jae 2. Moos. 12:2 osoittaa, että alkuperäisestä pääsiäisuhrista alkoi myös Israelin yhteinen kansallinen elämä. Uudessa testamentissa Kristuksen kuolema sijoittuukin juuri pääsiäiseen, ja se esitetään pääsiäisen täyttymyksenä ja alkusysäyksenä uudelle lunastetulle yhteisölle. Tämä havaitaan esimerkiksi kohdista Joh. 1:29 ja 36, 13:1, 18:28, 19:14; 1. Kor. 5:7–8; Ilm. 5:6, 9 ja 12 sekä 12:11.

Pääsiäisen kautta Jumala ilmoitti itsensä samanaikaisesti:

- ◆ tuomarina – Jumalan pyhä viha "kulki läpi" Egyptin ja langetti tuomion jokaiselle miespuoliselle esikoiselle. Eläinten ja eri luokkiin kuuluvien ihmisten välillä ei tehty eroa. Oli vain yksi tapa välttää tuomio: nimittäin Jumalan armolliseen huolenpitoon nojautuminen.

- ◆ pelastajana – Jumalan armollinen rakkaus "kulki ohi" jokaisen verellä merkityn kodin ja suojasi ne hänen vihaltaan.

- ◆ liiton solmijana ja pitäjänä – Jumala pelasti israelilaiset tehdäkseen heistä kansansa. He kuuluivat Jumalalle, sillä heidät oli ostettu verellä ja sen myötä pyhitetty hänen palvelukseensa. Tätä käsitellään tarkemmin osissa 4 ja 8.

Tulisi olla ilmeistä, että nämä "esikuvalliset" totuudet tulivat täydellisesti julki Golgatalla. Meidän on tärkeää ymmärtää, että Tuomari ja Pelastaja ovat yksi ja sama jumalallinen hahmo. Jumala, joka *kulki* Egyptin *läpi*, oli sama Jumala, joka *kulki* verellä siveltyjen kotien *ohi*.

Kirjassa *Isän tunteminen* painotetaan, ettei meidän tule luonnehtia Isää Tuomarina ja Poikaa Pelastajana. Kyseessä on yksi Jumala, joka Kristuksen kautta tuomitsee synnin ja pelastaa ihmiskunnan.

*Sijaiskärsimys ja uhri*

Pääsiäinen opettaa myös, että:

◆ pelastus tulee sijaiskärsimyksen kautta – ainoat miespuoliset esikoiset, jotka säästettiin, olivat niitä, joiden kodeissa oli heidän sijastaan kuollut esikoiskaritsa

◆ pelastus tulee uskontäyteisestä omaksi ottamisesta – kun veri oli vuodatettu, se täytyi ottaa omaksi, laittaa käytäntöön, sivelemällä sitä ovenpieliin.

## Rituaaliuhrit

Pääsiäisen jälkeen, Israelin vaeltaessa autiomaassa, Jumala antoi Moosekselle selkeät ohjeet uhraamisesta. Näistä voidaan lukea lyhyitä otteita kohdissa 2. Moos. 20:24–26, 22:29–30, 23:14–19, 29; 3. Moos. 17 ja 23; 4. Moos. 15 sekä 5. Moos. 12 ja 16. Laajin selvitys löytyy 3. Mooseksen kirjan luvuista 1–7, joissa selviää viisi päärituaalia:

◆ polttouhri tai holokausti

◆ ruoka- tai viljauhri

◆ yhteysuhri

◆ syntiuhri

◆ syyllisyys-, korvaus- tai hyvitysuhri.

Voidaan sanoa, että:

◆ *ruoka-* ja *yhteysuhrit* auttoivat ihmisiä ilmaisemaan tunteitaan siitä, mitä oli olla Jumalalle kuuluvia olentoja

◆ *polttouhri* edusti ihmisten omistautumista kaikelle, mitä heillä oli ja mitä he olivat – sekä Jumalan hyväksyntää tälle

◆ yhteinen ateria pappien ja kansan kesken *yhteysuhrin* yhteydessä muistutti ihmisiä siitä, kuinka elintärkeä heidän suhteensa Jumalan kanssa oli

◆ *synti-* ja *syyllisyysuhrit* mahdollistivat sen, että ihmiset

*Pelastus armosta*

kykenivät ilmaisemaan syntiensä ja syyllisyytensä aiheuttamaa inhimillistä tunnetaan siitä, että he olivat erossa Jumalasta, sekä sen, että he kykenivät huutamaan Jumalan puoleen ja pyytämään häntä peittämään syntinsä ja syyllisyytensä.

Näistä eroista huolimatta kaikki uhrit painottivat Jumalan armollista aloitetta ja ihmisten ehdotonta riippuvuutta hänestä ja hänen armostaan.

Kaikkien uhrien kohdalla kelpasi vain paras. Edellä havaittiin, että uhraajien täytyi uhrata tavalla, joka kulutti heidän henkilökohtaisia varojaan, mutta jae 5. Moos. 23:18 antaa lisäksi ymmärtää, ettei edes tätä hyväksytty, jos omaisuus oli hankittu vilpillisesti.

Urospuolisia eläimiä suosittiin naaraspuolisten sijaan, ja kaikista parhaana pidettiin täysikasvuista esikoista. Uhrieläinten täytyi olla täydellisiä yksilöitä: ne olivat aina niitä, jotka kasvattivat eniten omistajansa lauman arvoa.

Jumalan oikeudenmukaisuus merkitsi, ettei köyhiä rangaistu, jos he eivät kyenneet täyttämään näitä vaatimuksia. Jakeet 3. Moos. 5:7-13 osoittavat, että ne, joilla ei ollut varaa lampaaseen tai vuoheen, saivat uhrata kaksi kyyhkystä niiden sijaan. Ja jos heillä ei ollut varaa edes niihin, viljauhrikin riitti.

Rituaaliuhrit oli tarkoitettu uhrattaviksi henkilökohtaisesti ja kansallisella tasolla, yksityisesti ja julkisesti sekä säännöllisesti ja erityistarpeissa. Kohdassa 4. Moos. 28-29 luetellaan päivittäiset, viikoittaiset, kuukausittaiset ja vuosittaiset julkiset uhrit, ja 2. Mooseksen kirjan luku 12 osoittaa, kuinka pääsiäistä tuli perheissä juhlia.

Aina kun israelilaiset kääntyivät Jumalan puoleen, heidän odotettiin palvelevan häntä uhraamalla hänelle uhreja. Raamattu osoittaa, että rituaaliuhreja uhrattiin:

◆ lupauksen täyttämiseksi – 2. Sam. 15:7-9

◆ ihmisen lunastamiseksi vapaaksi jostakin lupauksesta – 4. Moos. 6

*Sijaiskärsimys ja uhri*

- spontaanina kiitoksena – Tuom. 13:17–23
- spitaalisen puhdistamiseksi parantumisen jälkeen ja naisen puhdistamiseksi synnytyksen jälkeen – 3. Moos. 12 ja 14
- papin virkaan vihkimisen ja leeviläisten pyhittämisen yhteydessä –3. Moos. 8 ja 4. Moos. 8
- kansallisen parannuksen teon yhteydessä – 1. Sam. 7
- taistelun ollessa lähellä – 1. Sam. 13:8–12
- kuninkaallisten kruunajaisten yhteydessä – 1. Kun. 1:9
- pyhäkköjen vihkimisen yhteydessä – 1. Kun. 8:1–13.

Vanhan testamentin rituaalisessa uhraamisessa oli kuusi vaihetta, ja jokainen niistä oli yhtä tärkeä kuin muut viisi.

- Uhraajat valitsivat tai ostivat uhrinsa ja toivat ne niille varattuun paikkaan.
- Jos uhri oli eläin, uhraaja laittoi kätensä sen päälle merkiksi siitä, että se oli hänen edustajansa tai sijaisensa. Jos hän toimitti synti- tai syyllisyysuhria, hän tunnusti syntinsä vertauskuvallisesti siirtääkseen syntiensä oikeudelliset seuraukset tuon eläimen ylle.
- Uhraaja tappoi eläimen henkilökohtaisesti.
- Papit keräsivät veren astiaan ja kaatoivat sen alttarin kahta vastakkaista kulmaa vasten, niin että veri tuli sivellyksi kaikille neljälle sivulle.
- Rasva poltettiin. Jos kyseessä oli polttouhri, kaikki poltettiin ihoa lukuun ottamatta.
- Papit söivät sen, mitä uhrista jäi jäljelle. Jos kyseessä oli yhteysuhri, papit ja uhraajat söivät jäljelle jääneet osat yhdessä.

Poltto- ja yhteysuhreja käytettiin juhlintaan ja kiitokseen, pyhään palvelukseen valittujen ihmisten ja esineiden pyhittämisen yhteydessä ja muodollisen epäpuhtauden

*Pelastus armosta*

poistamiseen. Muilla uhreilla oli kuitenkin paljon syvällisempi merkitys. Kolmannessa Mooseksen kirjassa kerrotaan toistuvasti, että ihmisen synti- ja hyvitysuhrit "hyväksyttäisiin ihmisen sovituksen takaavina uhreina". Heprean kielen sana *kaphar* on yleensä käännetty sanalla "sovittaa", mutta todellisuudessa se tarkoittaa "peittää". Synti- ja hyvitysuhrit siis peittivät uhraajan synnit ja pyyhkivät pois hänen syyllisyytensä.

Aivan kuten Jumala uhrasi kaikkien aikojen ensimmäisen uhrin veren tahrimilla käsillään peittämään Aadamin synnin ja vaatettamaan hänet uutta tehtäväänsä varten, samoin – rituaaliuhrien avulla – Jumala antoi kansalleen joukon uhreja, jotka voisivat jatkossakin peittää heidän syntinsä ja tehdä heidät kykeneviksi palvelemaan häntä.

**Palvelijan laulut**
Ajan kuluessa rituaalista uhrijärjestelmää alettiin käyttää väärin ja alkoi kasvaa ymmärrys siitä, ettei tuo järjestelmä ollut lopullinen ratkaisu. Jumalan profeetat alkoivat vaatia erilaista uhraamista: käytännön tekoja vertauskuvallisten eleiden lisäksi, ei siis ainoastaan niiden sijaan, ja henkilökohtaisen moraalisuuden nivoutumista muodollisiin rituaaleihin.

Tämä tärkeä kehitys profeettojen tietoisuuden lisääntymisessä siitä, mitä Jumala todella haluaa, voidaan nähdä esimerkiksi kohdissa Ps. 50:8–23, 51:16–19; Sananl. 15:8, 21:27; Jes. 1:11–20, 58:1–14, 66:1–4 ja 18–21; Jer. 6:20, 7:21–28; Hoos. 8:11–13; Aam. 5:21–24 ja Miika 6:6–8.

Uhraamisen ymmärtäminen sekä henkilökohtaisen "sovituksen" tuovana seremoniana että pyhänä tapana elää saavutti Vanhan testamentin huipentumansa Herran palvelijan neljässä laulussa, jotka on kirjattu Jesajan kirjan kohtiin 42:1–9, 49:1–6, 50:4–11 ja 52:13–53:12. Näissä lauluissa esitellään henkilö, jonka uhri-/sijaiskuolema sovittaa muut ihmiset *ja* jonka elämää leimaavat rakkaus, oikeudenmukaisuus, nöyryys, kärsimys ja itsensä uhraaminen.

Ensimmäiset kolme laulua paljastavat, että tämä salaperäinen palvelija on yksilö, jonka Jumala on muovannut

## Sijaiskärsimys ja uhri

ja kutsunut jo silloin, kun tämä oli vasta äitinsä kohdussa. Hän on opetuslapsi, joka on täynnä Jumalan Henkeä. Hän tuo oikeudenmukaisuuden maan päälle, niin että hän voi opettaa ihmiskuntaa ja tuomita meidät Sanallaan. Hän toimii hellästi, hiljaisesti ja hienotunteisesti. Näyttää siltä, että hän epäonnistuu. Hän hyväksyy vihan ja halveksunnan. Hän ei kuitenkaan luovuta, sillä itse *Jahve* vahvistaa häntä.

Neljäs laulu kuvaa kauhistuttavia kärsimyksiä, joita tuo palvelija joutuu kokemaan, kun häntä kohdellaan Jumalan rankaisemana syntisenä – vaikka hän onkin syytön – ja kun hänet tuomitaan kuolemaan häpeällinen kuolema. Laulu osoittaa, että kaikki tämä on palvelijan vapaaehtoista uhrautumista syntisten puolesta, joiden synnit ja syyllisyyden hän ottaa ylleen ja joiden puolesta hän rukoilee. Laulu myös paljastaa, että Jumala hyväksyy ennennäkemättömällä voimateolla palvelijansa sovitusuhrin ja tuo näin pelastuksen koko ihmiskunnalle.

Nämä ihmeelliset profeetalliset laulut viittaavat Jeesukseen. Itse asiassa kaikki Vanhan testamentin uhrit viittaavat jollakin tapaa häneen, sillä ne ilmaisevat tarvetta, jonka vain hän voi täysin täyttää, ja ovat ruumiillistuma sellaisesta uskosta, jonka kohde vain hän voi olla. Mutta näitäkin enemmän ne vaativat elämäntapaa, jonka vain hän voi tehdä mahdolliseksi. Vaikka teurasuhrit olivatkin vain sijaiskärsijöitä, uhraajien täytyi silti aina jollakin tapaa kieltäytyä jostakin Jumalan vuoksi.

Nämä kaksi periaatetta ovat keskeinen osa armosta tapahtuvaa pelastusta. Kristus kuoli meidän sijastamme peittääkseen meidän syntimme pysyvästi, yhdistääkseen meidät toinen toisemme kanssa ja tuodakseen meidät Jumalan luo, mutta uhrautuvaisuus on silti edelleen rituaali, jota vaaditaan niiden ihmisten elämässä, joita hän hallitsee.

### Synnin kantaminen

Jakeiden 1. Piet. 2:24 ja Hepr. 9:28 kaltaiset Uuden testamentin kohdat opettavat, että Jeesus "kantoi meidän syntimme" ristillä. Läpi vuosisatojen, kaikissa kirkkokunnissa, kristityt ovat

*Pelastus armosta*

perinteisesti ymmärtäneet tämän tarkoittavan, että Jeesus oli Jumalan antama syytön sijaiskärsijä, joka otti syyllisen ihmiskunnan paikan ja kesti rangaistuksen sen synneistä.

1900-luvulla monet raamatunopettajat kuitenkin haastoivat tämän perinteisen käsityksen "sijaisrangaistuksesta". Jotkut ovat sanoneet, että Jeesus kantoi syntiemme kivun tai taakan pikemmin kuin syntiemme aiheuttaman rangaistuksen. Toiset taas ovat esittäneet, että Jeesus otti paikkamme uhraamalla yksinkertaisesti täydellisen synnintunnustuksen, tunnustamalla kaikki meidän syntimme. Kolmannet taas ovat jopa väittäneet, että sijaisrangaistus esittää Jumalan "kosmisena lasten hyväksikäyttäjänä" – kostonhimoisena Isänä, joka rankaisee Poikaansa rikkomuksesta, jota tämä ei ole tehnyt, minkä vuoksi kyseinen näkemys ei voi olla paikkansapitävä.

Meidän täytyy kuitenkin edelleen jatkaa sen vakuuttamista, että kristillisen kirkon perinteinen näkemys "sijaisrangaistuksesta" on tosi, sillä Jeesus todella kesti tuhoavan jumalallisen tuomion (joka aivan syystä kuului meille) ja poisti sen voittaakseen ikuisen pelastuksemme. Meidän tulee kuitenkin lisäksi tunnistaa, että "kivun kantavalla sijaiskärsimyksellä" ja "katuvalla sijaiskärsimyksellä" on paikkansa Raamatun piirtämässä kuvassa pelastuksesta. Tämä havaitaan selvimmin juutalaisten suureen sovituspäivään (Jom kippuriin) liittyvässä rituaalissa.

On totta, että ristillä Jeesus kantoi sijaiskärsijänä sen, mitä ihmiskunta ei kyennyt kantamaan – nimittäin vanhurskaan rangaistuksen synnistä – ja tämä on perustavanlaatuinen seikka pelastuksen kannalta. On kuitenkin myös totta (vaikkei perustavanlaatuista), että hän uhrasi, mitä ihmiskunta ei halunnut uhrata – nimittäin täydellisen synnintunnustuksen, kaikkien ihmiskunnan syntien tunnustamisen. Ja että hän kesti, mitä me emme kyenneet kestämään – nimittäin täyden kivun ja kärsimyksen jokaisesta pahasta ajatuksesta ja teosta, jotka on Edenin puutarhan ajoista lähtien ajateltu ja tehty.

*Sijaiskärsimys ja uhri*

## Suuri sovituspäivä

"Synnin kantamisen" konsepti on löydettävissä useista Vanhan testamentin kohdista, joissa kerrotaan siitä, kuinka viattomat eläimet tai ihmiset joutuivat kärsimään jonkun toisen syyllisyyden seuraukset. Katso esimerkiksi kohdat 3. Moos. 17:11 ja 2. Moos. 12:23.

Samaa synnin kantamisen sanastoa käytetään kuitenkin myös siitä, kun Jumala itse antaa sijaiskärsijän – kuten kohdissa 3. Moos. 10:17 ja Hes. 4:4–5. Tämä tärkeä ajatus on erityisen selkeä rituaalissa, joka liittyi vuosittaiseen suureen sovituspäivään, Jom kippuriin – josta kerrotaan 3. Mooseksen kirjan luvussa 16.

Suuri sovituspäivä oli kerran vuodessa tapahtuva *yhteinen* tai kansallinen uhri syntien edestä – vastakohtana säännöllisille *henkilökohtaisille* uhreille syntien edestä. Se oli tärkein päivä juutalaisten kalenterissa ja ainoa tilanne, jossa joku sai mennä "kaikkeinpyhimpään", ja tällöinkin sinne sai mennä vain ylipappi.

Ylipappi otti kaksi vuohipukkia koko Israelin kansan kaikkien syntien sovitukseksi – peittämiseksi. Hän surmasi yhden vuohipukin ja pirskotti sen verta alttarille tavalliseen tapaan. Sitten hän asetti molemmat kätensä toisen vuohipukin pään päälle, tunnusti Jumalan kansan kaiken pahuuden ja kapinan ja ajoi vuohipukin sitten pois autiomaahan. Näin vuohi "kantoi" vertauskuvallisesti israelilaisten synnit pois.

Jae 3. Moos. 16:5 osoittaa, että nuo kaksi vuohipukkia olivat *yksi* uhri: molemmat edustivat saman uhrin eri puolia. Sovituspäivän suuri ja pysyvä ilmoitus oli, että sovinto oli mahdollinen vain yhden ainoan sijaisuhrin kautta, joka myös kantoi synnin.

Meidän on myös syytä huomioida, että sovitusprosessiin kuului:

- ♦ synnintunnustus, josta ylipappi vastasi kaikkien sijasta
- ♦ kivun tai taakan kantaminen, josta syntipukki vastasi kaikkien sijasta

*Pelastus armosta*

◆ rangaistuksen kantaminen, josta uhrattu vuohipukki vastasi kaikkien sijasta.

Heprealaiskirjeessä sanotaan, että Jeesus on sekä tuo ylipappi että nuo kaksi vuohipukkia – tämä havaitaan kohdissa Hepr. 2:17 sekä 9:7, 12 ja 28. Tämä korostaa juuri tätä hieman laajempaa tapaa ymmärtää sijaiskärsimys, mihin edelläkin jo viitattiin.

### Jesajan kirjan luku 53

Vaikka kahdella vuohipukilla oli synnin kantamiseen liittyvä rooli, isolle osalle juutalaisista täytyi kuitenkin olla selvää, että eläin oli riittämätön sijainen ihmiselle. Kuten edellä havaittiin, Jesajan kirjan neljä "palvelijan laulua" esittelivätkin pian tämän jälkeen lempeän Jumalan palvelijan, joka kärsisi, kantaisi synnin ja kuolisi ihmisten puolesta.

Tämän palvelijan kärsimyksistä ja kuolemasta on kerrottu Jesajan kirjan luvussa 53. Mikään toinen Vanhan testamentin kohta ei ole Uuden testamentin kannalta yhtä tärkeä kuin juuri tämä.

Jakeisiin 1, 4, 5, 6, 7, 8, 9 ja 11 viitataan suoraan kohdissa Joh. 12:38; Matt. 8:17; 1. Piet. 2:22–25 ja Ap. t. 8:30–35. Ja kyseisen luvun jokaiseen jakeeseen jaetta 2 lukuun ottamatta viitataan jossakin Uuden testamentin kohdassa, esimerkiksi: j. 3 – Mark. 9:12; j. 7 – Mark. 14:61, 15:5; Luuk. 23:9 ja Joh. 19:9; j. 8 – Mark. 2:20; j. 9 – Mark. 14:8; j. 10 – Joh. 10:11, 15 ja 17; j. 11 – Matt. 3:15; j. 12 – Luuk. 11:22, 22:37 ja 23:34.

Jesajan kirjan luku 53 onkin kiistatta perustavanlaatuinen luku *sekä* sille, miten Jeesus Uudessa testamentissa ymmärretään, *että* sille, miten Jeesus ymmärtää itse itsensä. Jeesuksen sanat jakeissa Mark. 10:45 ja 14:24 ovat suora viittaus Jesajan kirjan jakeeseen 53:12, ja ne osoittavat, että hän ymmärsi kuolemansa olevan kuolema, jossa hän kantaisi ihmisten synnit.

Jesajan kirjan luvun 53 painotus onkin täysin *sijaiskärsimyksessä* ja *uhrissa*. Se paljastaa, että kärsivä palvelija:

## Sijaiskärsimys ja uhri

- kantoi meidän kipumme – j. 4
- otti taakakseen meidän sairautemme – j. 4
- oli meidän rikkomuksiemme lävistämä – j. 5
- oli meidän pahojen tekojemme ruhjoma – j. 5
- kärsi rangaistuksen, jotta meillä olisi rauha – j. 5
- ruoskittiin, jotta me voisimme parantua – j. 5
- kantoi meidän syntivelkamme – j. 6
- lyötiin hengiltä meidän rikkomustemme tähden – j. 8
- kantoi meidän pahat tekomme – j. 11
- otti kantaakseen meidän syntimme – j.12.

Jesajan kirjan jakeet 53:4–6 ovat vakuuttava todiste siitä, että Jumalan Palvelija on sijaiskärsijä, jonka uhriin kuului *sekä* synnin "rangaistuksen" *että* synnin aiheuttaman "kivun" kantaminen. Kyseisistä jakeista voidaan havaita, että kun synnin juuri on käsitelty, myös kaikki synnin aiheuttamat kivut ja muut hedelmät tai sen seuraukset ovat tulleet käsitellyiksi: köyhyys, sairaudet ja jopa itse kuolema. Tätä yhteyttä sovituksen ja parantumisen välillä tarkastellaan myös *Hengen miekka* -kirjasarjan kirjassa *Palveleminen Hengessä*.

### Jeesus kuoli meidän puolestamme

Laaja katsaus siihen, mitä Vanha testamentti opettaa uhreista ja sijaiskärsijöistä, valmistaa tietä Uuden testamentin opetukselle siitä, että Jeesus kuoli ihmisten puolesta, ja auttaa meitä myös ymmärtämään sitä oikein. Tämä havaitaan esimerkiksi kohdissa Matt. 20:28; Mark. 10:45; Room. 5:6–8, 14:15; 1. Kor. 8:11, 15:3; 2. Kor. 5:14–15; 1. Tess. 5:10 ja 1. Tim. 2:6.

Kreikan kielessä on yli 40 eri prepositiota, jotka voidaan kääntää englannin kielen sanalla "for", "puolesta". Jotkut tutkijat pitävät erityisen tärkeänä erityisesti kahden näiden välistä hienovaraista eroa. *Hyper* merkitsee "puolesta" sanan

*Pelastus armosta*

laajassa merkityksessä "jonkun puolesta", kun taas *anti* merkitsee "puolesta" sanan suppeammassa merkityksessä "jonkun sijaan".

Useimmissa kohdissa, joissa puhutaan siitä, että Jeesus kuoli ihmisten "puolesta", esiintyy sana *hyper* (vain jakeissa Matt. 20:28 ja Mark. 10:45 on käytetty sanaa *anti*), ja jotkut raamatunopettajat käyttävätkin tätä tukemaan sitä käsitystä, että Kristuksen kuolema oli pelkästään edustava pikemmin kuin täysin korvaava.

Tämä käsitys kuitenkin sivuuttaa laajemman raamatullisen opetuksen sijaisuhreista ja jättää huomiotta sen tosiseikan, että sanan *hyper* laajempi merkitys sisältää myös sanan *anti* suppeamman merkityksen. Uuden testamentin kirjoittajat käyttävät itse asiassa usein sanaa *hyper* asiayhteyksissä, joissa sen merkitys on selkeästi "jonkin sijaan" – esimerkiksi kohdissa 2. Kor. 5:20 ja Filem. 1:13.

Sanaa *hyper* käytetään kolmessa vahvimmassa Uuden testamentin toteamuksessa Kristuksen kuolemasta – kohdissa 2. Kor. 5:21, Gal. 3:13 ja 1. Tim. 2:6. Näissä jakeissa Paavali selittää, että Kristuksen kuoleman oli tarkoitus hyödyttää meitä – tässä merkityksessä se tapahtui "meidän puolestamme". Jakeen 2. Kor. 5:21 täytyy kuitenkin lisäksi tarkoittaa, että Jeesus kantoi syntiemme rangaistuksen "meidän sijastamme". Samoin jakeen Gal. 3:13 täytyy tarkoittaa, että meidän yllämme oleva lain kirous siirtyi Kristuksen ylle, niin että hän kantoi sen "meidän sijastamme".

Nämä jakeet osoittavat, että kun meidät tuodaan Kristuksen yhteyteen, tapahtuu jokin arvoituksellinen vaihtokauppa. Hän ottaa kirouksemme, jotta me voisimme saada hänen siunauksensa. Hän tulee synniksi meidän synneistämme, jotta me voisimme olla vanhurskaita hänen vanhurskaudestaan.

Apostoli Paavali kutsuu tätä vaihtokauppaa "syyksi lukemiseksi" tai "hyväksi lukemiseksi" esimerkiksi kohdissa Room. 4:6; 1. Kor. 1:30 ja Fil. 3:9. Meidän on tärkeää ymmärtää, että tämä syyksi lukeminen / hyväksi lukeminen on ennen

## Sijaiskärsimys ja uhri

kaikkea oikeudellisten seurausten hyväksymistä pikemmin kuin moraalisten ominaisuuksien siirtymistä (vaikkakin nämä ominaisuudet kyllä kasvavat meissä Pyhän Hengen työn seurauksena).

Sisällämme oleva syntisyys ei siirtynyt Jeesukselle ja tehnyt häntä näin henkilökohtaisesti syntiseksi, eikä hänen moraalinen täydellisyytensä siirtynyt meihin ja tehnyt meistä näin henkilökohtaisesti täydellisiä. Sen sijaan ristillä Jeesus, sijaiskärsijä, hyväksyi vapaaehtoisesti vastuun synneistämme tai syntiemme seuraukset – ja juuri tätä Raamattu tarkoittaa ilmauksilla "tehdä synniksi" ja "tehdä kiroukseksi".

Samoin "Jumalan vanhurskaus" , joka luetaan meille kuuluvaksi, kun olemme "Kristuksessa", ei ole välitön luonteessa tai käytöksessä näkyvä vanhurskaus. Se on välitön vanhurskaus Jumalan edessä. Se ei ole meille annettua vanhurskautta vaan meidän hyväksemme luettua vanhurskautta. Se on Martti Lutherin sanoin "vierasta vanhurskautta", joka tulee meidän ulkopuoleltamme. Vastaanotamme Kristuksen vanhurskauden, jotta voimme seistä rankaisematta jätettyinä ja ilolla Jumalan edessä. Tämän oikeudellisen tai lainopillisen näkemyksen tärkeyttä ei voida korostaa liikaa.

### Sijaiskärsijä

Kirjoissa *Isän tunteminen* ja *Hengen tunteminen* havaitaan, kuinka tärkeää on ymmärtää oikein kolmiyhteisen Jumalan luonto. Lisäksi kirjassa *Pojan tunteminen* tarkastellaan yksityiskohtaisemmin Jeesuksen luontoa sen koko täyteydessä. Yksinkertaisesti sanottuna: emme voi ymmärtää ristiä oikein ennen kuin olemme käsittäneet, millaiset luonnot Isällä, Pojalla ja Hengellä on.

Useimmat ristiin kohdistuvat maalliset vastalauseet perustuvat väärille käsityksille Jumalasta ja Kristuksesta, kun taas lähes kaikki kristilliset väärinkäsitykset koskien pelastusta ovat lähtöisin virheellisestä kuvasta Isän ja Pojan välisestä suhteesta.

Sijaiskärsimyksen käsite lepää sijaiskärsijän identiteetin

*Pelastus armosta*

varassa. Jokainen tietää, että Kristus oli tuo sijaiskärsijä, mutta meidän täytyy ymmärtää tarkasti, kuka tuo ristillä kuollut Kristus todella oli.

### Riippumaton Jeesus

Uskosta osattomat ihmiset ajattelevat, että ristillä kuollut henkilö oli ainoastaan tavallinen ihminen. Vaikka useimmat kristityt torjuvatkin tämän ajatuksen syistä, jotka on esitelty kirjassa *Pojan tunteminen*, monet uskovat ajattelevat silti, että Poika oli pitkälti Jumalasta erillinen oma yksilönsä – pelastusteossa vaikuttanut riippumaton kolmas osapuoli.

Tästä seuraa, että he esittävät ristin joko paikkana, jossa Jeesus yritti lepyttää vihaisen Jumalan ja tarttua vastahakoisesti tarjottuun pelastukseen, tai paikkana, jossa epäoikeudenmukainen Jumala surmasi viattoman Jeesuksen todellisten syyllisten sijasta.

Kirjassa *Isän tunteminen* selvitetään, että tämä on täydellinen väärintulkinta siitä, kuka Isä on. Hän ei ole haluton kärsimään itse tai haluton antamaan anteeksi ihmiskunnalle. Hän ei myöskään ole kylmäkiskoinen tyranni, jonka viha täytyy tyynnyttää ja jonka vastenmielisyys ihmiskuntaa kohtaan on sellaista, jonka voittamiseen tarvitaan joku hänestä erillinen hahmo, joku kolmas osapuoli.

Tämä "kolmas osapuoli" -lähestymistapa asettaa Pojan vastakkain Isän kanssa. Heidän välillään ei kuitenkaan koskaan ole ollut minkäänlaista epäsopua tai erimielisyyttä. He molemmat tahtoivat ja hyväksyivät kaiken, mitä ristillä tapahtui.

Jesajan kirjan jakeen 53:10 toinen virke on tunnetusti erittäin vaikeasti käännettävä. Hepreankielisestä tekstistä jää epäselväksi, kuka uhrin antaa. Virke voi tarkoittaa joko "silti Jumala uhraa palvelijansa uhrina" tai "silti palvelija uhraa itsensä uhrina".

Uusi testamentti vaikuttaa ensisilmäyksellä olevan aivan yhtä kaksitulkintainen. Jakeiden Mark. 14:27; Joh. 3:16; Room. 3:25, 4:25, 8:3 ja 32 sekä 2. Kor. 5:21 kaltaiset kohdat

## Sijaiskärsimys ja uhri

painottavat, että Isä uhrasi Pojan. Toisaalta taas jakeiden Matt. 20:28; Gal. 2:20; Ef. 5:2 ja 25; 1. Tim. 2:6; Tit. 2:14 sekä Hepr. 9:14 ja 26 kaltaiset kohdat korostavat, että Poika uhrasi itsensä.

Totuus on jälleen kerran *rinnakkainen* ja *toisiinsa liittyvä*. Isä antoi Pojan, ja Poika antoi vapaaehtoisesti itsensä. Isä uhrasi Poikansa, ja Poika uhrasi vapaaehtoisesti itsensä. Isä ei pakottanut Poikaa kestämään koetusta, jota tämä ei ollut valmis ottamaan kantaakseen, eikä Poika yllättänyt Isää epäitsekkäällä teollaan. Kohdat Gal. 1:4 ja Joh. 10:17–18 ilmaisevat tämän paradoksin erittäin selvällä tavalla.

Eräässä mielessä Abrahamin ja Iisakin tarina Morian vuorella on ilmeinen esikuva rististä, sillä tuossakin kertomuksessa nähdään isä, joka on valmis uhraamaan ainutlaatuisen lupauksen poikansa, ja poika, joka on omasta vapaasta halustaan valmistautunut olemaan uhri. Toisella tasolla se on kuitenkin kaikin puolin riittämätön kuva rististä, sillä Abraham ja Iisak ovat erillisiä, toisistaan riippumattomia olentoja.

Läpi tämän *Hengen miekka* -kirjasarjan on nähty, ettei Jumala ole jaettu kolmeksi. Hän on yksi mutta enemmän kuin yksi. Isä, Poika ja Henki eivät ole kolme erillistä yksilöä. He ovat kolme eri minää yhdessä olennossa. Nämä kolme ilmoittavat perimmäisen ykseytensä kolmessa erilaisessa persoonassa, joilla on omat ominaisuutensa ja tehtävänsä.

Jos ymmärrämme tämän ehdottoman jumalallisen ykseyden väärin, suhtaudumme todennäköisesti myös virheellisesti ristiin. Jos pidämme Isää ja Poikaa erillisinä yksilöinä, piirrämme väistämättä väärän kuvan Golgatasta joko paikkana, jossa Jumala rankaisee viatonta Jeesusta (kosminen lapsen hyväksikäyttö), tai paikkana, jossa Jeesus lepyttää vihaista Jumalaa (kuten pakanauskonnoissa tehdään).

Kohta 2. Kor. 5:18–19 tekee kuitenkin selväksi, ettei uhrista vastannut yksin Kristus eikä yksin Jumala, vaan että Jumala toimi Kristuksessa ja Kristuksen kautta tämän täydellä suostumuksella. He toimivat yhdessä, sopusoinnussa toistensa kanssa. Vaikka heillä oli eri tehtävät, heillä oli yksi tahto. He olivat riippuvaisia toisistaan, eivät riippumattomia.

*Pelastus armosta*

## Jumala itse

Jumalan perimmäinen ykseys on saanut jotkut ihmiset (heitä kutsutaan yleensä "unitaristeiksi") uskomaan, että Jumala yksin oli tuo sijaiskärsijä – että hän otti paikkamme ja kuoli puolestamme.

He väittävät seuraavaa: Jae 1. Kor. 2:8 osoittaa, että juuri kirkkauden Herra ristiinnaulittiin. Ilmestyskirja paljastaa, että Karitsa, joka kuoli, on keskellä Jumalan vastaistuinta. Jae Hepr. 9:17 opettaa, että voimme hyötyä testamentin lupauksista vasta, kun sen tekijä on kuollut. Ja että jae Ap. t. 20:28 ilmoittaa, että Jumala lunasti seurakunnan omalla verellään.

Heidän perustelunsa kaatuvat kuitenkin siihen tosiseikkaan, ettei yksikään jae ilmoita nimenomaisesti, että Jumala itse olisi kuollut ristillä, sekä siihen oivallukseen, että Jumalan kuolemattomuus merkitsee sitä, ettei hän olisi voinut kuolla.

Maalaisjärjen tulisi riittää vakuuttamaan meidät siitä, että Jumalan yksinkertaisesti täytyi tulla ihmiseksi (näin tehdessään hän ei kuitenkaan lakannut olemasta Jumala tai tullut riippumattomaksi Jumalasta), jotta hän kykeni kuolemaan meidän sijastamme ja olemaan samanaikaisesti sekä Tuomari että viaton Uhri. Tämä todetaan myös erityisen selvästi kohdissa Hepr. 2:14–18 ja Fil. 2:6–8.

Kirjassa *Isän tunteminen* opitaan, että Uudessa testamentissa tarkoitetaan Jumalasta puhuttaessa yleensä "Jumalan ensimmäistä persoonaa, Isää". Tämä on toinen syy, miksi voi olla harhaanjohtavaa sanoa, että "Jumala" olisi kuollut ristillä – sillä ristillä kuoli Poika, joka oli täysin ihminen ja täysin jumalallinen; ei siis täysin jumalallinen Isä.

Jos ylikorostamme "Jumalan" kärsimyksiä ristillä, vaarana voi olla, että sekoitamme toisiinsa kolminaisuuden "kolme persoonaa", että kiellämme Pojan ikuisen erillisyyden omana persoonanaan ja että kiellämme Jeesuksen täyden ihmisyyden.

Jakeiden Room. 5:12–19; Gal. 4:4; Fil. 2:7–8 ja Hepr. 5:8 kaltaiset kohdat korostavat Jumalan "ykseyttä ja toiminnallista erillisyyttä" painottamalla Pojan vapaaehtoista alistumista Isän

*Sijaiskärsimys ja uhri*

tahtoon. Kuten kirjassa *Pojan tunteminen* havaitaan, juuri tämä on Jeesuksen lapseuden ydintä.

## Jumala Kristuksessa

Sijaiskärsijä, joka otti paikkamme, antoi täydellisen synnintunnustuksemme, kantoi kaikkien syntiemme aiheuttaman kivun ja kesti kaikesta kapinallisesta tottelemattomuudestamme seuranneen rangaistuksen, ei ollut yksin Kristus (sillä se tekisi hänestä ulkopuolisen kolmannen osapuolen) eikä yksin Jumala (sillä tämä kieltäisi Jumalan ihmiseksitulon).

Sen sijaan ristin sijaiskärsijä oli *Jumala Kristuksessa*, joka oli täysin ihminen ja täysin Jumala ja ainutlaatuisella tavalla pätevä edustamaan sekä Jumalaa että ihmiskuntaa ja toimimaan sovittelijana näiden välillä.

Aina kun ristiä ajatellaan vain paikkana, jossa Kristus kärsi ja kuoli, sivuutetaan Isän armontäyteinen aloite. Ja kun rististä ajatellaan, että siellä Jumala kärsi ja kuoli, sivuutetaan Pojan armontäyteinen sovittelijan rooli.

Näiden vaillinaisten lähestymistapojen vastaisesti Uusi testamentti painottaa johdonmukaisesti, että Isä toimi pelastuksessa "Kristuksessa ja Kristuksen kautta tämän kokosydämisellä hyväksynnällä". Tämä havaitaan esimerkiksi kohdissa Matt. 1:1–23; Mark. 14:36; Luuk. 2:11; Joh. 4:34, 6:38–39, 8:29, 10:18 ja 30, 14:11, 15:10, 17:4 ja 21–23, 19:30; 2. Kor. 5:17–19; Kol. 1:19–20, 2:9 ja Hepr. 10:7.

Tulisi olla ilmeistä, että ainoastaan ihminen *saattoi* sovittaa ihmiskunnan synnit (sillä juuri ihmiset, miehet ja naiset, olivat syntiä tehneet) ja että ainoastaan Jumala *kykeni* saamaan aikaan tarvittavan sovituksen (sillä juuri hän oli oikeudenmukaisesti sitä vaatinut, eivätkä ihmiset *kyenneet* sitä itse saamaan aikaan).

Tästä syystä Jeesus Kristus onkin ainoa mahdollinen sijaiskärsijä, sillä hän on ainoa henkilö, jossa *saattaminen* ja *kykeneminen* yhdistyvät hänen täysin inhimillisen, täysin jumalallisen luontonsa johdosta.

*Pelastus armosta*

**Risti**

Nämä "jumalallinen ykseys"- ja "Jumala Kristuksessa" -ajatukset merkitsevät ensinnäkin sitä, että ristin draamassa oli ainoastaan kaksi osanottajaa, ei kolme: ihmiskunta ja Jumala. Ja toisekseen sitä, että se kaikki tapahtui armosta. Antamalla Poikansa Jumala antoi armosta itsensä meidän sijastamme. Lähettämällä Pojan hän armosta tuli meidän puolestamme. Armosta Tuomari puuttui tilanteeseen ja kesti itse rangaistuksen, jonka hän oli langettanut meille. Voidakseen pelastaa syntisen ihmiskunnan tavalla, joka sopi täysin yhteen pyhän luontonsa kanssa, Jumala Kristuksessa tuli armosta sijaiskärsijäksi meidän puolestamme.

Kaiken, mitä osissa 2 ja 3 on tarkasteltu, tulisi vakuuttaa meidät siitä, että "johdonmukaisuus itsensä kanssa jumalallisen sijaiskärsimyksen kautta" on ainoa mahdollinen selitys ristille. Ennen kuin siirrytään käsittelemään sitä, mitä ristillä tapahtui ja mitä seurauksia tai vaikutuksia sillä on meille, meidän täytyy olla ehdottoman selkeitä siitä, mitä risti on ja mitä se ei ole.

Risti ei esimerkiksi ollut:

◆ kaupan hierontaa paholaisen kanssa

◆ joidenkin laki- tai kunniasääntöjen vaatimus

◆ tilanne, jossa ankara Isä rankaisi viatonta Jeesusta

◆ tapa puristaa pelastus ilkeältä Isältä

◆ Isän teko, joka ohitti Kristuksen sovittelijan roolin.

Sen sijaan oikeudenmukainen ja rakastava Jumala nöyrtyi tullakseen – ainoassa Pojassaan ja ainoan Poikansa kautta – ihmiseksi ja kestääkseen ja hyväksyäkseen itselleen ihmisten syntien kammottavat seuraukset. Hän teki tämän armossaan, jotta voisi pelastaa meidät tinkimättä kuitenkaan pyhästä jumalallisesta luonteestaan.

Sijaiskärsimys on monella tapaa sekä synnin että pelastuksen ytimessä. Voidaan sanoa, että synti on pohjimmiltaan sitä, että ihmiskuntaa asettaa itsensä Jumalan sijaan, ja että pelastus on pohjimmiltaan sitä, että Jumala asettaa itsensä ihmiskunnan sijasta.

Kapinallisella syntisyydellämme asetimme itsemme paikalle, joka kuuluu ainoastaan Jumalalle. Ja Jumalan ihmeellisestä armosta hän asettaa itsensä paikalle, jossa vain me ansaitsisimme olla. Pelastuksemme todellakin on siis armosta.

# Osa 4

# Armon liitot

Viimeisellä aterialla, kun Jeesus ja hänen apostolinsa olivat kokoontuneet yhteen syömään pääsiäisateriaa, Jeesus otti leivän, kiitti siitä, mursi sen osiin ja jakoi siitä kaikille niiden sanojen myötä, jotka on tallennettu kohtiin Matt. 26:26-28; Mark. 14:22-24; Luuk. 22:17-19 ja 1. Kor. 11:23-25.

Samalla tapaa Jeesus otti tuon aterian jälkeen viinimaljan, kiitti siitä, antoi siitä opetuslapsilleen ja sanoi: "Tämä malja on uusi liitto minun veressäni" tai "Tämän on minun vereni, uuden liiton veri, joka kaikkien puolesta vuodatetaan syntien anteeksiantamiseksi."

Jeesuksen asettamaa yhteysateriaa käsitellään kirjassa *Jumalan kirkkaus seurakunnassa*, jossa tutkitaan myös sen juuria, jotka ulottuvat siihen, kuinka pääsiäistä vietettiin perheissä. Tässä kohtaa meidän täytyy kuitenkin ymmärtää Jeesuksen tärkeä väittämä, jonka mukaan hänen verensä vuodattaminen kuolemassa oli se, minkä kautta Jumala teki aloitteen "uuden liiton" tai "tuoreen sitovan sopimuksen" solmimiseksi kansansa kanssa – sellaisen, johon sisältyi lupaus anteeksiannosta.

Meidän on myös tärkeää tarkastella sanaa "liitto". Sillä viitataan kahden osapuolen väliseen sopimukseen tai sitoumukseen. Sitä vastaava heprean kielen sana on *berit*, joka oli luultavasti lähtöisin akkadin kielen sanasta *biritu*, joka tarkoitti "sulkea syliinsä tai luoda läheinen suhde jonkin kanssa". Tästä kyseinen sana saakin myös vivahteensa kahden osapuolen välisestä "sitovasta sopimuksesta". Tutkijat tekevät usein eron kahdenlaisten liittojen välillä: *rajoituksettomien* ja *rajoituksellisten* (tai *yksipuolisten* ja *molemminpuolisten*). Yksipuolinen liitto on nimensä mukaisesti *yksipuolinen* liitto,

*Pelastus armosta*

jossa Jumala velvoittaa itsensä mutta ei toista osapuolta. Se eroaa *kaksipuolisesta* tai *molemminpuolisesta* liitosta, joka on merkityksetön ja mitätön, jos toinen sopimuksen osapuolista ei onnistu täyttämään määriteltyjä ehtoja.

Liiton käsitteellä on suuri painoarvo sekä Uudessa että Vanhassa testamentissa. Edellä todettiin jo, että Jumala luo Jeesuksen kautta ristillä "uuden liiton". Jos tämä uusi liitto halutaan ymmärtää oikein, täytyy kuitenkin ensin tarkastella "vanhoja liittoja", jotka edelsivät Jeesuksen ristinkuolemaa ja olivat esikuvia siitä.

### Vanhat liitot

Jakeesta 1. Moos. 6:18 löytyy ensimmäinen selkeä maininta liitosta. Siinä myös määritetään useat kaikkein tärkeimmistä liittoja koskevista raamatullisista periaatteista. Jumala teki aloitteen ja solmi Nooan kanssa sitovan sopimuksen, johon kuului lupaus pelastuksesta armosta. Se ei ollut Jumalan ja Nooan välinen sopimus, joka olisi hyödyttänyt molempia osapuolia. Se oli pelkkää armoa, pelkkää Jumalan työtä, pelkästään Nooan perheen hyödyksi ja pelastukseksi tuomion aikana.

Jumala yksinkertaisesti ilmoitti Nooalle, että hän tekisi liittonsa tämän kanssa. Se oli Jumalan liitto, hän teki sen yksipuolisesti ja rajoituksettomasti. Se oli pelastavan armon suvereeni vuodatus Jumalalta ja Jumalan toimesta Nooalle ja tämän perheelle.

Vaikka liitto oli pelkkää armoa, Nooan perheen täytyi vastata astumalla sisään arkkiin voidakseen hyötyä pelastuksen liiton eduista. Voitaisiinkin sanoa, että liitto oli pelkkää armoa mutta että Nooan perheen täytyi ottaa lupaus omakseen osoittamalla uskontäyteistä kuuliaisuutta. Silti kyseessä oli pelastus uskon kautta, ei tekojen. Vaadittu teko oli yksinkertaisesti uskominen Jumalaan ja uskallus mennä arkkiin, joka on kuva Kristuksesta.

### Nooan kanssa solmittu liitto

Kun vedenpaisumus oli ohi, Jumala toisti liittolupauksensa

*Armon liitot*

Nooalle ja tämän perheelle. Jakeissa 1. Moos. 9:9–17 kerrotaan mitä tapahtui ja paljastetaan vielä selkeämmin Jumalan liittojen perimmäinen luonto.

Tässäkään tapauksessa kyseessä ei ollut "molemminpuolinen sopimus". Se oli selvästi pelkkää armoa, pelkkää Jumalan aloitetta ja työtä, pelkästään Nooan perheen eduksi. Voidaan sanoa, että tämä vanha liitto oli:

- kokonaan Jumalan itsensä haluama, alulle panema ja solmima

- laajuudeltaan yleismaailmallinen – sen piiriin ei kuulunut ainoastaan Nooa, vaan siihen kuuluivat myös tämän jälkeläiset ja kaikki maan päällä oleva elävä – tämä todistaa, ettei armon antaminen ole riippuvaista siitä hyötyvien myötämielisestä vastauksesta

- rajoitukseton – siinä ei ollut ennakkoehtoja tai vaatimuksia – itse asiassa siinä ei edes ollut jatkuvia velvoitteita, mikä osoittaa, että liiton rikkoutuminen oli täysin mahdotonta

- sellainen, johon liittyi vahvistava merkki – ihmiskunta ei voinut hallita tai ohjailla sateenkaarta, se oli Jumalan antama tae omasta uskollisuudestaan

- ikuinen – rajoituksettomaan lupaukseen ei koskaan liity minkäänlaista epävarmuutta.

**Abrahamin kanssa solmittu liitto**

Jumala puhui Abrahamille jakeissa 1. Moos. 12:1–3, ja Abraham vastasi uskossa lähtemällä Harranista kohti Kanaaninmaata.

Monia vuosia myöhemmin Jumala vahvisti Abrahamille antamansa sanan jakeessa 1. Moos. 15:1. Tällä kertaa Abraham kuitenkin kyseli Jumalalta tavasta, jolla lupaus täyttyisi (j. 15:2–3). Jumala vastasi Abrahamille jakeissa 4–5, ja – näkemällä taivaan tähdet – Abraham "näki" myös Jumalan hänelle antaman lupauksen ja uskoi. Tämä on prototyyppi kaikesta "vanhurskauttamisesta yksin uskosta".

*Pelastus armosta*

Jakeessa 6 kerrotaan, että Abraham uskoi Jumalaan ja että tämä luettiin hänelle vanhurskaudeksi (vrt. v. 1933 käännös). Tästä huolimatta Abraham halusi olla sataprosenttisen varma siitä, että Jumalan lupaus täyttyisi, joten – jakeessa 8 – hän pyysi Jumalalta jonkin takeen, merkin, joka vahvistaisi Jumalan hänelle antaman sanan. Todellisuudessa hän pyysi Jumalaa tekemään sitovan sopimuksen kanssaan.

Jumala vastasi solmimalla liiton, josta kerrotaan jakeissa 9–21. Tämä muistuttaa muinaisia liittoihin liittyviä rituaaleja, joista kerrotaan Jeremian kirjan jakeessa 34:18. Niissä sopimuksen molemmat osapuolet kulkivat surmattujen eläinten puolikkaiden välistä ja julistivat näin, että heitä kohtaisi sama kohtalo kuin noita uhreja, jos he rikkoisivat sopimuksen.

Tässä tapauksessa kuitenkin ainoastaan Jumala kulki eläinten puolikkaiden välistä osoittaakseen, että hänen liittonsa ovat aina yksipuoleisia sopimuksia: ne ovat yksinomaan ja kokonaan pelkästään armoa täynnä olevia, hänen alulle panemiaan sitoumuksia. Kertomuksen liekki on itse *Jahve*, kuten myös jakeissa 2. Moos. 3:2, 13:21 ja 19:18. Pimeys ja tuon tapahtuman kesto ovat esikuvia Golgatasta, jossa Jumala teki samankaltaisen mutta äärettömän paljon suuremman liiton vuodatetun veren ja Jeesuksen runnellun ruumiin kautta.

Tällä Abrahamin kanssa solmitulla veriliitolla Jumala julisti: "Tulkoon minusta kuin nuo halkaistut eläimen osat, jos en täytä sinulle antamaani sanaa." Tuo liitto ennakoi valaa – ja valmisti tietä valalle –, jonka Jumala teki jakeissa 1. Moos. 22:16–17, kun Abrahamin usko tuli täydelliseksi.

Tämä vanha liitto auttaa meitä ymmärtämään, että Kristuksen ristillä vuodattama veri on Jumalan juhlallinen lupaus siitä, että hän pitää meille antamansa, uuden liittonsa lupauksen anteeksiannosta.

Veri on Jumalan antama uskonvakuus – vakuus jonka tarvitsemme, koska emme ole kykeneviä pitämään liittoa ja turvautumaan täysin Jumalan anteeksiantoon. Lisäksi meidän tulisi tunnistaa, että veri ennakoi myös Jumalan meille antamaa

*Armon liitot*

valaa, hänen "sateenkaartaan" elämässämme – joka, uudessa liitossa, on lupaus Pyhästä Hengestä.

**Israelin kanssa solmittu liitto**
Joissakin kirkkokunnissa ollaan sitä mieltä, että Israelin kanssa solmittu liitto on hyvin erilainen kuin kaikki muut liitot; että se on "tekojen" liitto eikä siis "armon" liitto. Jakeiden 2. Moos. 2:24, 3:16, 6:4–8; Ps. 105:8–12 ja 42–45 sekä 106:45 kaltaiset kohdat kuitenkin osoittavat, että Jumalan toiminta Israelin keskellä perustui aina lupaukselle hänen sitovasta sopimuksestaan Abrahamin kanssa.

Aivan kuten Jumalan liitot Nooan ja Abrahamin kanssa julistettiin useassa eri vaiheessa, samoin Jumala teki Mooseksen kautta kansansa kanssa yhden liiton useassa eri vaiheessa. Vaikka yksityiskohdat vaihtelivatkin näissä eri vaiheissa, armon ja lupauksen periaatteet ovat nähtävissä niissä kaikissa.

On tärkeää ymmärtää, että:

◆ Jumalan liitto kohdissa 2. Moos. 19:5, 24:1–18, 34:1–35 ja 5. Moos. 29:1–29 tehtiin kansan kanssa, jonka Jumalan suvereeni armo oli jo valinnut, lunastanut, luonut ja ottanut omakseen. Tämä havaitaan kohdista 2. Moos. 2:25, 4:22–23, 6:6–8, 15:13, 20:2; 5. Moos. 4:37, 7:6–8, 8:5 ja 17–18, 9:4–6 ja 26, 13:5, 14:1–2, 21:8, 32:6; 1. Aik. 29:10; Jes. 63:16, 64:8; Jer. 3:19, 31:9; Hoos. 9:1, 13:5; Aam. 3:2 sekä Mal. 1:6 ja 2:10.

◆ Sama hengellinen suhde, joka oli Nooan ja Abrahamin kanssa tehtyjen liittojen ytimessä, oli myös Israelin kanssa tehdyn liiton ytimessä – 2. Moos. 6:7 ja 5. Moos. 29:10–13.

◆ Jumalan armontäyteinen ja suvereeni aloite oli ensisysäys tällekin liitolle – 2. Moos. 19:5–8, 24:3–4 ja 5. Moos. 4:13–14.

Jumalan sopimusta Israelin kanssa kutsutaan usein "lain" tai "tekojen" liitoksi, koska Raamatussa painotetaan niin paljon Israelin kuuliaisuutta laille – mikä oli lisäys peruslupaukseen,

69

*Pelastus armosta*

jonka Jumala oli Abrahamille antanut. Jumalan kansa saisi nyt siunauksen aina, kun se noudatti lakia, ja kirouksen aina, kun se ei noudattanut sitä.

Tämä velvollisuus olla kuuliainen oli kuitenkin – periaatteessa – samankaltainen kuin velvoitteet, jotka Jumala antoi kohdissa 1. Moos. 6:18–22, 17:9–14 ja 18:18–19. Mitkään näistä velvoitteista eivät olleet niihin liittyvien liittojen ennakkoehtoja. Ne olivat vain tapa, jolla liiton siunaukset voitiin omistaa omalle kohdalle ja jolla niistä voitiin nauttia.

Jumalan peräkkäiset liitot loivat armosta Jumalan kansalle mahdollisuuden elää liittosuhteessa Jumalan kanssa. Koska Jumala on pyhä, niitä, jotka astuvat suhteeseen hänen kanssaan, kutsutaan elämään hänen pyhyydessään ja hänen pyhyytensä vaatimalla tavalla. Tämä havaitaan kohdista 5. Moos. 6:4–15; 3. Moos. 11:44–45, 19:2, 20:7 ja 26 sekä 21:8 – ja jakeissa 1. Piet. 1:15 ja Hepr. 12:14.

Jotkut uskovat tulkitsevat kohtien 2. Moos. 19:5–6 ja 24:7–8 tarkoittavan, ettei Israelin kanssa solmittu liitto tullut voimaan vasta kuin sen jälkeen, kun kansa oli ensin luvannut noudattaa lakia. Liitto oli kuitenkin astunut voimaan jo Abrahamin aikana, ja laki oli ainoastaan lisäys tähän jo ennalta olemassa olleeseen liittoon. Toisaalta taas "lupaus" ja "laki" asetetaan tästä huolimatta vastakkain Roomalaiskirjeen luvussa 4.

Israelilaiset tiesivät, että Jumala oli liittonsa pitävä Jumala, sillä hän oli vapauttanut heidät Egyptistä. He tiesivät, että liitto oli jo voimassa, että armo oli annettu ja vastaanotettu, että Jumalan ja Abrahamin lasten välillä oli jo olemassa sopimus. Nyt tähän liittoon kuitenkin lisättiin laki.

Juutalaisten lupaus kuuliaisuudesta jakeessa 2. Moos. 24:7 ei siis ollut heidän tiensä päästä sisään liittoon – se oli heidän sitoumuksensa elää liitossa lain määrittämällä tavalla. Se oli heidän vastauksensa Jumalan armoon.

Läpi tämän *Hengen miekka* -kirjasarjan painotetaan toistuvasti, että uuden liiton uskovina meidät on kutsuttu "evankeliumin kuuliaisuuteen" – "erityiseen, meille mahdolliseksi tehtyyn kuuliaisuuteen Jumalan henkilökohtaiselle hallinta-

*Armon liitot*

vallalle". Vaikka uuden liiton kuuliaisuus onkin ihanalla tavalla erilaista kuin vanhan liiton "kuuliaisuus laille", meidän tulee ymmärtää, että uuden liiton velvoite olla kuuliainen on – periaatteessa – sama velvoite, joka on ollut olemassa kaikissa Jumalan liitoissa.

Kuten osissa 5 ja 8 havaitaan, vaikka jokainen uuden liiton puoli on saavutettu tosiseikka, *maan päällä* emme saa nauttia liiton koko siunauksesta ilman sinnikkyyttä ja rakastavaa kuuliaisuutta.

### Messiaaninen liitto

Vaikka kohdassa 2. Sam. 7:12–17 ei käytetäkään sanaa "liitto", kohtien Ps. 89:3–4 ja 26–37 sekä 132:11–18 perusteella on selvää, että tämä on Jumalan sitova sopimus Daavidin kanssa.

Jälleen kerran on täysin selvää, että tämä on täysin armon työtä – armon, joka sitoo Jumalan yksipuoliseen lupaukseensa ja takaa lupauksen toteutumisen niille, jotka tuosta armosta hyötyvät. Tämä havaitaan esimerkiksi jakeista Ps. 89:3 ja 2. Sam. 23:5. Tämä vanhan liiton "viimeinen" ilmentymä on kaikkein selkein esikuva uudesta liitosta Jeesuksessa ja Jeesuksen kautta, sillä se viittaa selvällä tavalla Messiaaseen. Tämä havaitaan kohdista Jes. 42:1–6, 49:8, 55:3–4; Mal. 3:1; Luuk. 1:32–33 ja Ap. t. 2:30–36.

Edellä mainitut Jesajan kirjan kohdat paljastavat, että "Palvelija" itse (jota käsiteltiin osassa 3) on "liitto", sillä Jumalan ja hänen kansansa väliseen liittoon kuuluvat siunaus ja huolenpito ovat niin nivoutuneita Messiaaseen, että hän on itse asiassa ruumiillistuma niistä siunauksista ja siitä Jumalan läsnäolosta, jotka liitto vahvistaa.

Raamatullinen yleiskatsaus näihin vanhoihin liittoihin riittänee vakuuttamaan meidät siitä, että Jumala toimii suhteessa kansaansa liittojen kautta, sekä:

- ◆ hänen liittoihinsa liittyvän armon suuruudesta
- ◆ hänen liittoihinsa liittyvän huolenpidon varmuudesta
- ◆ hänen liittoihinsa liittyvien lupausten toteutumisesta.

## Uusi liitto

Jeesuksen sanat, että hänen verensä on liiton veri, joka vuodatetaan syntien anteeksisaamiseksi, ja että viimeisen aterian malja on uusi liitto hänen veressään, voidaan ymmärtää oikein vain raamatullisten liittojen asiayhteydessä.

Lukematta sivuakaan Uudesta testamentista voidaan jo arvata, että uusi liittokin on pelkästä armosta tapahtuva teko, että siihen liittyy merkittäviä siunauksia, että se on tae tärkeistä lupauksista, että se on alku Jumalan ja hänen kansansa väliselle pyhälle suhteelle ja että siihen kuuluu vaatimus jonkinlaisesta kuuliaisuudesta. Tämä on esitetty etukäteen jo Vanhassa testamentissa, esimerkiksi Jeremian kirjan luvussa 31.

Uusi testamentti opettaa, että uusi liitto täytti vanhat liitot ja sai ne toteutumaan. Armo, joka oli osittain paljastettu vanhoissa liitoissa, paljastettiin ja annettiin nyt uudessa liitossa täysin. Suhde, josta saatiin vain vaillinaisesti nauttia vanhoissa liitoissa, muuttui nyt niin läheiseksi kuin vain on mahdollista. Vanhojen liittojen siunaukset kasvoivat, lisääntyivät, voimistuivat, saivat lisäyksiä, tehtiin täydellisiksi ja niin edelleen.

Tämä voidaan havaita Galatalaiskirjeen jakeista 3:15-22, joissa apostoli Paavali painottaa sitä, että Israelin kanssa solmittu liitto ei mitätöinyt Abrahamin kanssa solmittua liittoa. Paavali selittää, että myöhempi liitto oli lisäys, ei korvaaja, joka palveli alkuperäistä liittolupausta suhteesta. Lisäksi Paavali osoittaa, että nuo kaksi liittoa perustuivat samoille perusperiaatteille: armossa annetulle lupaukselle ja ihmisten uskolle.

Koska myöhemmät liitot täydentävät aiempia liittoja, jakeissa Gal. 3:15-16 esitetään Kristus Abrahamille annetun liittolupauksen täyttymyksenä. Lisäksi Luukkaan evankeliumin jakeessa 1:72 kerrotaan Sakariaan profetiasta, jonka mukaan Jeesuksen pelastusteko täyttäisi liiton, jonka Jumala oli Abrahamin kanssa solminut.

Vaikka tiedämmekin, että uusi liitto viittaa ensisijaisesti

*Armon liitot*

uuteen suhteeseen, jonka Jeesuksen ristillä runneltu ruumis teki todelliseksi, voimme olla varmoja siitä, että uuteen liittoon myös kiteytyvät kaikkien vanhojen liittojen kaikki pelastava armo, siunaukset, totuus ja lupaukset.

Vanhojen liittojen ja uuden liiton välillä on siis sekä epäyhtenäisyyttä että jatkuvuutta. Vanhoissa liitoissa painotettiin ulkoista puolta ja vain hyvin harvat tunsivat Jumalan henkilökohtaisesti ja läheisesti Pyhän Hengen kautta. Uudessa liitossa painotus on kuitenkin sisäisessä puolessa, ja nyt kaikilla on mahdollisuus tuntea Jumala – Jer. 31:34 ja Hepr. 8:11. Uusi siis tulee vanhan tilalle – se tuo täysin uudenlaisen dynamiikan suhteeseemme Jumalan kanssa. Uusi kuitenkin tämän lisäksi myös täyttää vanhan.

Jakeissa 2. Kor. 3:6–18 kerrotaan joistakin uuden liiton uusista eduista. Uusi liitto julistaa vanhurskautta, vapautta ja eläväksi tekevää Henkeä. Lisäksi se laittaa liikkeelle prosessin, jonka myötä Herran Pyhä Henki muuttaa meitä Jumalan pyhän kuvan kaltaisiksi (jos olemme kuuliaisia evankeliumille).

Edellä havaittiin, että Jumalan liitot kansansa kanssa ovat aina yksipuoleisia, sitovia armon ja lupauksen sopimuksia ja että ne liittyvät aina pelastuksen ja lunastuksen asiayhteyteen ja asiayhteyden ympärille.

Nooan ajoista tähän päivään asti Jumalan pelastava armo ja tietyt siunaukset on aina annettu liittojen muodossa. Jokainen toistaan seuraava liitto on paljastanut lisää Jumalan pelastavasta tahdosta ja pelastussuunnitelmasta, eikä yksikään niistä ole poikennut kaikkien liittojen keskeisistä ja hallitsevista ominaisuuksista. Jokainen toistaan seuraava liitto on aina rikastuttanut lisää sitä, mikä on jo entuudestaan ollut olemassa.

Tiedämme, että Golgata on armon, lupausten, lunastuksen, ilmoituksen ja suhteen huipentuma, mutta meidän ei pidä unohtaa, että ristin ytimessä on myös ikuinen liittolupaus "Minä olen sinun Jumalasi ja te olette minun kansani". Uusi liitto Kristuksen veressä tuo tämän suhteen korkeimmalle

*Pelastus armosta*

mahdolliselle tasolle. Yksinkertaisesti sanottuna: ei voi koskaan olla suurempaa lupausta tai läheisempää suhdetta kuin se, joka meille on uudessa liitossa armosta annettu.

## Veriliitot

Edellä havaittiin, että Uudessa testamentissa ja erityisesti Galatalaiskirjeen luvussa 3 viitataan Jumalan veriliittoon Abrahamin kanssa kristillisen uskon perustana ja että uusi liitto Jeesuksen veressä pohjautuu Abrahamin kanssa solmitulle armon, lupauksen ja uskon liitolle.

Jumalan veriliitto Abrahamin kanssa (1. Moos. 15:17–18) laajensi käsitystä armosta, joka oli jo tullut esiin Nooan kanssa solmitussa liitossa. Jumala ei vaatinut mitään, eikä Abraham luvannut mitään. Nämä tulivat myöhemmin, jakeissa 17:1 ja 22:12, kun Jumala kutsui Abrahamin läheisempään suhteeseen ja elämään pyhempää elämää. Itse veriliitto oli kuitenkin pelkkää armoa.

Abrahamin epäonnistumisia ei mainittu, eivätkä ne olleet liiton esteenä. Liitto tehtiin sen jälkeen, kun Abraham oli osoittanut uskoa, ja ennen kuin Abrahamilta vaadittiin kuuliaisuutta ja ennen hänen kuuliaisuutensa koettelemista ja vahvistamista. Täysin samanlainen pelkkää armoa -periaate toistui myös Golgatan veriliitossa.

Kun ristiä kuvataan kohdissa 1. Kor. 11:25 ja Hepr. 8:6–10 uudeksi liitoksi, niissä tarkoitetaan, että "veri" on Jumalan ihmiskunnalle antama vakuus. Jumala ei koskaan ollut rikkonut 1. Mooseksen kirjan luvun 15 lupaustaan, mutta nyt hän antoi sen, mikä oli aiemmin tapahtunut eläimille, tapahtua itselleen Golgatalla.

Ristillä ei esitetty kuuliaisuuden vaatimuksia, siellä ainoastaan tarjottiin anteeksiantoa. Epäonnistumisemme ja epäilymme eivät ole liiton esteenä, sillä myös ristin tapahtumat olivat pelkkää armoa.

Ristillä solmitun uuden veriliiton jälkeen ei ole enää mitään, mitä Jumala vielä voisi tehdä. Hän on antanut rajoituksettoman, ikuisen lupauksensa, ja veri todistaa Jumalan täydellisestä

*Armon liitot*

vilpittömyydestä ja uskollisuudesta. Veri sitoo nyt Jumalan pitämään sanansa ikuisesti.

**Kristuksen veri**
Joissakin kirkkokunnissa ja seurakunnissa keskitytään erityisesti Kristuksen vereen ja pidetään tärkeinä sellaisia ilmaisuja kuin "verellä pesty", "verellä peitetty", "veren kautta luvattu" ja "veren takaama".

Useimmat uskovat käyttävät sanaa "veri" lyhenteenä Jeesuksen uhrikuolemasta, mutta sanatarkasti se viittaa Jeesuksesta ristillä vuotaneeseen vereen. Tätä sanatarkkaa määritelmää verestä ei koskaan saa hylätä, mutta lisäksi voidaan sanoa, että "veri" edustaa Kristuksen kuolemaa kokonaisuudessaan ja että se on Jumalan vakuus uudesta liitosta.

Raamatun selkein ja yksityiskohtaisin selvitys pelastuksesta löytyy Paavalin kirjeestä roomalaisille. Paavali käyttää siinä useita oman aikansa kielikuvia, kuten "vanhurskauttaminen", "lunastus" ja "sovitus", kuvatakseen Kristuksen kuoleman aikaansaamia asioita. Näitä tarkastellaan osassa 5.

Paavali aloittaa tärkeällä teemallaan vanhurskauttaminen uskosta, selittää sitten, että Kristus kuoli meidän sijastamme, ja osoittaa vielä, että tämän kaiken suuri tarkoitus oli se, että meillä voisi olla sovinto Jumalan kanssa.

Kuten kirjassa *Kadotettujen tavoittaminen* opitaan, sovitus ei ole yksi pelastuksen puoli – se on pelastuksen suuri ja ensisijainen tarkoitus. Meidät lunastetaan ja vanhurskautetaan ja saamme anteeksiannon *jotta* meidät voidaan sovittaa Jumalan kanssa. Ja juuri Jeesuksen veri, joka vuodatettiin hänen uskontäyteisessä sijaiskuolemassaan, saa aikaan sovituksemme ja todistaa siitä.

Uusi testamentti opettaa, että Jeesuksen veri sai aikaan sen, minkä Vanhan testamentin rituaaliuhrit saattoivat vain esittää vertauskuvallisesti ja mistä vanhat liitot olivat vain esikuvia – nimittäin ikuisen syntien anteeksiannon.

*Pelastus armosta*

## Uhriveri

Edellä havaittiin, että pääsiäisenä siveltiin uhrieläimen – joko uroslampaan tai -vuohen – verta juutalaisten ovien ovenpieliin merkiksi siitä, että he olivat Jumalan liittokansa.

Kun Jumala näki veren, hän kulki tuon talon ohi eikä surmannut kodin esikoista vihansa kohdatessa Egyptiä. Juuri tästä syystä Jeesusta kutsutaan "pääsiäislampaaksi", sillä kun uskomme hänen liittovereensä, Jumala kulkee ohitsemme eikä rankaise meitä synneistämme.

Edellä myös havaittiin, että suurena sovituspäivänä uhrattiin sonni ylipapin ja tämän suvun syntien puolesta ja kaksi vuohipukkia kansan syyllisyyden ja syntien puolesta. Ylipappi pirskotti sitten sonnin ja uhratun vuohipukin verta armoistuimelle ja alttarille sekä niiden eteen sovitustekona israelilaisten epäpuhtaudesta ja kapinasta. Heprealaiskirjeen jakeessa 9:12 kerrotaan, että silloin kun Jeesus Kristus, suuri ylipappimme, astui verensä kautta taivaaseen, hän samalla varmisti meille iankaikkisen pelastuksen.

Jeesuksen kuolemaa pidetään läpi Uuden testamentin pohjimmiltaan uhrina ihmisten syntien puolesta. Tämä havaitaan esimerkiksi kohdista 1. Kor. 5:7; 2. Kor. 5:14; Gal. 2:20; Ef. 5:2; Hepr. 5–10; 1. Piet. 3:18 ja 1. Joh. 2:2.

Tämä merkitsee, että veri on todiste ja vahvistus uhrin kuolemasta ja vakuus Jumalan liitosta. Uudessa testamentissa esitellään kymmenen tapaa, joilla "veri" vahvistaa meille Jumalan uuden liiton kanssamme. Voimme varmuudella sanoa, että veri takaa meille:

- anteeksiannon – Ef. 1:7
- puhtauden – 1. Joh. 1:7
- vanhurskauden – Room. 5:9
- lunastuksen – Ef. 1:7
- pyhityksen – Hepr. 10:10 ja 13:12
- sen, että meidät on ostettu – 1. Kor. 6:19–20

*Armon liitot*

- lunastuksen lain kirouksesta – Gal. 3:13
- luvatun perinnön – Hepr. 9:15–18
- vapauden perityistä siteistä – 1. Piet. 1:18–19
- voiton saatanasta – Kol. 2:15; Hepr. 2:14 ja Joh. 12:31–33.

Kaikki nämä liittolupaukset tiivistyvät ilmaukseen ja niihin viitataan epäsuorasti ilmauksella "Kristuksen veri". Hänen verensä on näkyvä tae kaikista näistä aikaansaannoksista. Juuri tästä syystä meidän tuleekin uskoa siihen, että Jumala on veriuhrien ja veriliittojen Jumala, ja pitää "verta" paitsi keskeisenä seikkana Raamatussa, myös seikkana, joka on Jumalan liittoluonnon ytimessä.

Tämä havaitaan kohdissa Room. 3:24–26 ja 5:8. Voidaankin sanoa, että "veri" on perimmäisin vahvistus Jumalan täysin armontäyteisestä luonnosta ja uskosta Jumalaan, joka verensä kautta ilmoitti olevansa äärettömän armollinen.

**Rakkauden merkki**
Rakkaus määritetään Uudessa testamentissa aina Jumalan ristillä antaman uhrin pohjalta. Tästä todistavat esimerkiksi kohdat Room. 5:8; 1. Joh. 3:15–20 ja 4:7–21.

Ristillä Jumala antoi kaiken rakkautensa tähden niitä kohtaan, jotka eivät ansaitse muuta kuin hänen oikeudenmukaisen tuomionsa. Isä antoi Pojan niiden tähden, jotka mieluummin palvelevat muita jumalia. Poika antoi itsensä niiden tähden, jotka uudelleen ja uudelleen sivuuttavat hänet. Ja Isä ja Poika molemmat luopuivat keskinäisestä suhteestaan sen tähden, koska heidän rakkautensa meitä kohtaan on niin käsittämättömän suurta.

Golgatan veriuhrin jälkeen kukaan ei vain voi enää ristiin katsoessaan kyseenalaistaa Jumalan rakkautta – sillä mikään ei paljasta Jumalan rakkautta selvemmin kuin "veri". Yksinkertaisesti sanottuna: veri todistaa iankaikkisesti, että Jumala rakastaa meitä ja on ottanut meidät omaksi liittokansakseen.

*Pelastus armosta*

Tämän vuoksi voidaankin sanoa, että Kristuksen veri on vakuus:

◆ siitä, kuka Jumala on

◆ siitä, mitä Jumala on tehnyt puolestamme pelastuksessa

◆ kaikista liittosiunauksista.

**Vahvistettu vakuus**
Kirjassa *Elävä usko* havaitaan, että meille on annettu kaksinkertainen tae uskostamme: Jumalan sana ja uuden liiton veri. Lisäksi tässä kirjassa todettiin jo edellä, että uuden liiton veri takaa kaikki liittolupaukset.

Jumalan meille antamat lupaukset on nyt siis suojattu liittoon, joka tehtiin Jeesuksen veressä *ja* joka tuli voimaan hänen veressään. Tämä havaitaan kohdista Hepr. 9:20 ja Room. 8:32. (Näiden kahden raamatunkohdan asiayhteys auttaa meitä lisäksi ymmärtämään, että veri käsittelee myös epäonnistumisemme ja asettaa meidät voittajan asemaan viholliseemme nähden. Tätä käsitellään osassa 7.)

Kohta Hepr. 9:27–28 tekee selväksi, että Kristuksen veri käsittelee täydellisesti kaiken – kaikki syntimme, epäilyksemme, heikkoutemme, epäonnistumisemme ja kaiken syyllisyytemme. Kristuksen ensimmäinen tuleminen oli suoraan yhteydessä syntiin, kuten havaitaan kohdista Room. 8:3 ja 2. Kor. 5:21, mutta hänen toinen tulemisensa ei ole missään yhteydessä syntiin, sillä lunastus on jo – veren kautta – tehty täydelliseksi. Kuten Jeesus sanoi ristillä, se todella on "täytetty". Tämä on turvamme Kristuksessa.

Kohta Room. 8:34–39, joka on ehkäpä koko Uuden testamentin kohokohta, osoittaa, että veri, Kristuksen kuolema, takaa sen, että meillä on riemuvoitto kuolemasta ja riivaajista, nykyisestä ja tulevasta sekä kaikista taivaallisista voimista. Kristuksen liittoveri takaa siis myös liittosuhteemme: mikään ei koskaan voi erottaa meitä Jumalan rakkaudesta, jonka tunnemme Kristuksessa Jeesuksessa. Tämä on se vertaansa vailla oleva uuden liiton suhde, joka kuuluu meille armosta.

*Armon liitot*

Kristuksen liittoveri on perimmäinen uskonvakuus. Se on täydellisin tae siitä, että *Jahve* on, kuka hän on; että hän on tullut ristillä siksi, mitä tarvitsemme, jotta voimme täyttää hänen luontonsa mukaiset vaatimukset ja että meidät voidaan iankaikkisesti sovittaa hänen kanssaan.

Kun tiedämme, että veri on käsitellyt syntimme, että veri on puhdistanut omantuntomme ja että veri on poistanut syyllisyytemme, meillä on ikuinen turva – sillä hänen liittonsa ei koskaan voi särkyä. Ainoa "vaatimus" on, että yksinkertaisesti uskomme – että laitamme luottamuksemme tuohon vereen.

# Osa 5

## Pelastus ja sovitus

Edellä havaittiin, että Vanhaa ja Uutta testamenttia yhdistää se, miten niissä kerrotaan Jumalan täysin armoon perustuvasta aloitteesta pelastaa itselleen kansa ja kuinka sen kerrotaan tapahtuvan hänen kestävien liittojensa mukaan. Kolme suurta raamatullista teemaa "Jumalan kansa", "Jumalan pelastus" ja "Jumalan voitto" nivoutuvat toisiinsa 1. Mooseksen kirjasta aina Ilmestyskirjaan asti.

Molemmissa testamenteissa pelastus:

- on ainoastaan Jumalan armon alulle panemaa ja toteuttamaa
- vastaanotetaan uskosta
- toimii puolueettomasti historiassa ja ihmisten elämissä
- maksaa kalliin hinnan Jumalalle
- sisältää pelastamisen vihollisilta
- tuo ruumiin ja hengen eheyden
- saa aikaan hengellisen riemuvoiton
- paljastaa Jumalan rakkauden
- osoittaa ihmisten uskon todeksi.

Nämä kaksi testamenttia eivät kuitenkaan ole samanlaisia, sillä Vanhassa testamentissa katsotaan aina tulevaan, valmistetaan tietä Uudelle testamentille. Siinä odotetaan Jumalalta, että hän tekee tulevaisuudessa uudelleen menneisyydessä tapahtuneet suuret tuomion ja armon tekonsa.

*Pelastus armosta*

Vanhassa testamentissa esimerkiksi odotetaan uutta ja mahtavampaa Daavidia, Moosesta, Eliaa ja Melkisedekiä; Egyptistä lähtöä, jossa saadaan vielä suurempi vapautus; vielä ihmeellisempää pääsiäistä; parempaa temppeliä; uutta luomakuntaa; lopullista liittoa jne. Ja Uusi testamentti julistaa, että se, mitä Vanhassa testamentissa toivottiin, täyttyi Kristuksessa.

**Uuden testamentin pelastus**
Suurin osa siitä, mitä Uusi testamentti opettaa pelastuksesta, on samaa Vanhan testamentin opetusten kanssa. Eroja nousee vain niissä kohdissa, joissa pelastukseen liittyviä käsityksiä on syvennetty, sisäistetty, hengellistetty ja tehty henkilökohtaisiksi Jeesuksen uhrikuolemassa. Voidaankin itse asiassa sanoa, että Uusi testamentti laajentaa Vanhan testamentin kokemusta pelastuksesta ja että se tekee sen ilman ristiriitaisuuksia.

Yksi ero testamenttien välillä on se Uuden testamentin opetus, että vihollinen, jolta meidät pelastetaan, on nyt hengellinen pikemmin kuin fyysinen. Meitä ei enää pelasteta pakanakansoilta, nyt meidät pelastetaan *vanhalta ajalta* (synniltä, lailta, sairaudelta, vihalta ja kuolemalta), *vanhasta tilasta* (mukautumiselta jumalattomaan maailmaan), *vanhoilta peloilta* (epätoivolta, masennukselta ja ahdistuksilta), v*anhoilta tavoilta* (elämiseltä synnillisen maallisen mallin mukaan) ja *vanhalta sielunviholliselta* (itse paholaiselta).

Kaikkein tärkein ero kuitenkin on, että Uudessa testamentissa kaikki pelastuksen puolet kootaan yhteen ja ainoaan maailman muuttavaan tapahtuvaan – Jeesuksen Kristuksen sijaiskuolemaan Golgatan ristillä.

Vaikka risti onkin monella tapaa vain luonnollinen seuraus ja lopputulos kaikesta Jumalan armon ja tuomion toiminnasta Edenistä lähtien, on lähes mahdotonta ylikorostaa sitä, kuinka valtavan suuria muutoksia se sai aikaan – sekä Jumalan puolesta että meidän puolestamme ja erityisesti meidän suhteessamme häneen. Voidaankin itse asiassa sanoa, että

## Pelastus ja sovitus

siitä kun Kristus kuoli ja nostettiin kuolleista, alkoi täysin uusi aika.

Tätä uutta aikaa kutsutaan jakeessa 2. Kor. 6:2 "pelastuksen päiväksi", ja tämän mahtavan pelastuksen ihmeelliset liittosiunaukset ovat niin moninaiset, että niitä on mahdotonta niputtaa tyhjentävästi.

Kirjassa *Jumalan kirkkaus seurakunnassa* havaitaan, että seurakunnan salaisuutta kuvataan Uudessa testamentissa useilla eri kielikuvilla. Nämä kuvat ovat "rinnakkaisia" ja "toisiaan täydentäviä": vaikka voikin olla vaikeaa nähdä, miten seurakunta voi samanaikaisesti olla sekä Kristuksen ruumis että Kristuksen morsian, tiedämme, että nämä kuvat yhdistyvät toisiinsa siinä totuudessa, että Jumala kutsuu ihmisiä ja kokoaa heistä kansan itselleen.

Pitkälti sama pätee myös pelastukseen. Myös siitä käytetään Uudessa testamentissa useita eri ajatuksia ja kuvia, jotta me voisimme ymmärtää kaiken, mitä ristiin liittyy, sekä sen, kuinka valtavan paljon se on saanut kaikkea aikaan. Siksi onkin tärkeää yrittää ymmärtää jokaista näistä ajatuksista ja kuvista erikseen ja lisäksi tarkastella niitä toistensa yhteydessä.

Kaikkien näiden ajatusten ja kuvien pohjalla on kuitenkin se yksittäinen totuus, että armossaan Jumala lähetti Poikansa sijaiskärsijäksi kantamaan syntimme ja kuolemaan kuolemamme, täyttämään Jumalan luonnon mukaiset vaatimukset, vapauttamaan meidät synnistä ja kuolemasta ja sovittamaan meidät ikuisesti itsensä kanssa.

### Jeesuksen ainutlaatuinen tehtävä

Kirjassa *Pojan tunteminen* tarkastellaan Jeesuksen ainutlaatuista tehtävää ja opitaan, miksi Isä lähetti Jeesuksen maailmaan.

Siinä havaitaan, että Jeesus lähetettiin murtamaan pahuuden voimat ja kuolema, sillä paholainen oli ottanut vallan maan päällä ja maailma oli hänen vallassaan. Niinpä Jeesus tuli vapaaehtoisesti maailmaan perustamaan Jumalan valtakunnan, riisumaan aseista pimeyden pahat voimat ja ottamaan riemuvoiton niistä.

*Pelastus armosta*

Jeesus kuitenkin lähetettiin myös tavoittamaan kadotetut. Hänet lähetettiin pelastamaan kärsivät ihmiset, jotka olivat voimattomia pelastamaan itsensä. Joten suuren henkilökohtaisen uhrautumisen hinnalla hän tuli tuomaan sovinnon – olemaan sijaiskärsijä jokaisen ihmisen puolesta, kantamaan Jumalan vihan syntiä kohtaan ja tuomaan rauhan ihmisten välille sekä ihmisten ja Jumalan välille.

Näiden lisäksi Isä lähetti Pojan myös näyttämään, millainen on täydellisen antautumisen ja pyhittäytymisen täyttämä elämä; olemaan malliesimerkki kaikenikäisille ihmisille kaikista kansoista. Joten kuolemalla päivittäin itselleen ja lihan haluille Jeesus tuli osoittamaan meille, miten meidän tulisi elää ja kuolla.

Neljäntenä Jeesus lähetettiin osoittamaan maailmalle, millainen Jumala on; ilmoittamaan ja näyttämään todeksi Isän mahtavan luonnon. Joten hän tuli Jumalan elävänä Sanana, ainutlaatuisena ja täydellisenä ilmoituksena näkymättömästä Jumalasta, jotta jumalallinen luonto voisi toisintua ihmiskunnassa.

Jeesuksen tehtävän jokainen puoli tuli täytetyksi Golgatalla. Vaikka risti olikin yksinkertainen tapahtuma, jonka ainoa tavoite oli saada aikaan pelastuksemme, se oli samanaikaisesti myös monimutkainen tapahtuma, jossa ikuisuus murtautui tähän aikaan ja jossa ihmiskunnan tarpeet, Kristuksen tehtävä ja kaikki rinnakkaiset, toisiaan täydentävät Jumalan luonnon puolet yhdistyivät.

Kun julistamme evankeliumia, pyrimme yleensä selittämään, miksi Jeesus kuoli ja mitä ristillä tapahtui. Keskitymme kuitenkin helposti vain yhteen puoleen tai yhteen seikkaan, jonka hänen kuolemansa sai aikaan, ja annamme näin epätäydellisen tai epäsuhtaisen kuvan pelastuksesta. Meidän tulee kaikin keinoin pyrkiä ymmärtämään ja julistamaan koko kuvaa pelastuksesta sen koko mahtavuudessa.

Yleiskatsaus Uuteen testamenttiin paljastaa, että Jeesus kuoli useista rinnakkaisista syistä, jotka täyttivät hänen ihmiseksi tulemisensa ja messiaanisen tehtävänsä toisiaan täyden-

*Pelastus ja sovitus*

tävät tarkoitukset. Kaikkien näiden puolten täytyy samanaikaisesti sisältyä siihen, kuinka ymmärrämme "pelastuksen".

**Voitto**
Ensinnäkin Jeesus kuoli pelastaakseen ihmiskunnan kuoleman ja saatanan otteesta. Kuolemallaan hän tuhosi sen, jolla oli vallassaan kuolema, ja vapautti kaikki, jotka olivat kuolemanpelkonsa vankeja. Hän palasi maan päälle ylösnousemusriemussa ja astui taivaaseen "kuoleman ja tuonelan avaimet" käsissään. Tämä havaitaan kohdista Hepr. 2:14–15 ja Ilm. 1:18.

Jeesus kuoli ja nousi kuolleista "voittajana", joka tuhoaa saatanan viimeisen aseen, perustaa Jumalan valtakunnan, vapauttaa ihmiset ja täyttää Vanhan testamentin hyvitysuhrin kaikki puolet. Tämä on pelastus saatanasta, niin että voimme elää Kristuksen voitossa ja vapaudessa.

**Sovitus**
Toisekseen Jeesus kuoli sovittaakseen ihmiskunnan synnit. Ristillä hän lepytti Jumalan vihan ja vapautti meidät synnistä. Hän teki tämän tulemalla itse syylliseksi, kestämällä tuskan, joka aiheutui hänen ja Isän välisestä erosta, ottamalla monien rikkomukset itsensä päälle ja voittamalla ikuisen sovinnon.

Kuolemallaan Jeesus maksoi Jumalan anteeksiannon hinnan ja täytti Vanhan testamentin syntiuhrin jokaisen puolen – sekä kaikki profetiat, jotka puhuivat Jumalan Palvelijan sijaiskuolemasta ainoana hyväksyttävänä keinona, jolla Jumala saattoi täyttää vaatimuksensa ja puhdistaa syntiset ja tehdä heidät vanhurskaiksi. Tämä on pelastus synnistä ja Jumalan vihasta, niin että meillä voi olla Kristuksen vanhurskaus ja voimme seistä Jumalan edessä.

**Ilmoitus**
Kolmantena Jeesus ilmoitti uhrikuolemassaan ja sen kautta ylivertaisella tavalla Jumalan pyhän luonnon koko kirkkauden – Jumalan hyvyyden, laupeuden, armon, totuuden,

*Pelastus armosta*

kärsivällisyyden, anteeksiannon, vanhurskauden, rauhan, itsehillinnän, lempeyden, vaatimattomuuden, luotettavuuden, uskon, oikeudenmukaisuuden ja rakkauden.

Ristillä Jumala ilmoitti täydellisen oikeudenmukaisuutensa tuomitsemalla kaikki synnit ja kantamalla oikeudenmukaisen rangaistuksensa pahuudesta. Lisäksi hän osoitti mittaamattoman suuren, ehtymättömän, kaikkea tietämystä suuremman, itsensä antavan rakkautensa.

Samaan aikaan Jeesus paljasti myös, miten ihmisten tulisi ihanteellisesti käyttäytyä lohduttamalla rikollista, pyytämällä Jumalaa antamaan anteeksi niille, jotka kiduttivat häntä, antamalla itsensä Jumalan käsiin ja antamalla kaikkia aikoja varten esimerkin täydellisestä antautuvasta kuuliaisuudesta. Tällä tapaa hän täytti kaikki Vanhan testamentin kokonaisena poltettuihin uhreihin liittyvät yksityiskohdat. Tämä on pelastus vieraantumisesta ja eristämisestä, niin että me voimme elää Jumalan yhteydessä.

### Uusi elämä

Neljäntenä Jeesus kuoli hirvittävissä kivuissa kamppaillakseen ja pinnistelläkseen uuden luomakunnan synnyn eteen. Kuusi tuskallista tuntia kestävän hengellisen synnytyksen jälkeen hän oli kuin Psalmin 42:1–2 peura, erittäin janoinen hengellisesti. Kun hän kuoli "synnytykseen", hän pystyi huutamaan: "Se on täytetty, se on tullut valmiiksi, olen tehnyt sen", koska kuten Jesajan kirjan 53:10 Palvelija, hän oli nähnyt jälkeläisensä (vrt. v. 1933 käännös).

Jeesus siis meni ristille kokemaan synnytyspoltot ja synnyttämään uuden luomakunnan, jossa jumalallinen luonto toisintuisi, ja täyttämään Vanhan testamentin yhteysuhrin jokaisen puolen. Tämä on pelastus ikuisesta kuolemasta, niin että voimme elää omistaen ikuisesti Jumalan uuden elämän.

### Täysi pelastus

On erittäin murheellista, että koko kristillinen kirkko on vain hyvin harvoin pitänyt esillä ja julistanut jokaista pelastuksen

*Pelastus ja sovitus*

puolta, sillä kaikki ne ovat raamatullisia ja kaikki ne ovat armoa.

Monet seurakunnat keskittyvät esimerkiksi Jeesuksen voittoon ristillä ja painottavat hänen arvovaltaansa saatanaan nähden. Toiset taas keskittyvät Jeesuksen sovitustyöhön ja painottavat sitä, että hän antaa synnit anteeksi. Jotkut sitä vastoin keskittyvät Jeesuksen ilmoitukseen siitä, millainen on täydellinen ihminen, ja muutamat harvat painottavat sitä, miten hän tuo esiin Jumalan kirkkauden.

Meidän tulee kyllä arvostaa eri kristillisten traditioiden erilaisia painotuksia ja seistä eri taustoista tulevien kristittyjen rinnalla heidän ylistyksessään ja julistuksessaan, mutta jokaiselle seurakunnalle olisi varmastikin paljon parempi, että ne ymmärtäisivät pelastuksen sen koko täyteydessä. Näin me kaikki voisimme ymmärtää, ottaa omaksemme, kokea ja julistaa ristin täyttä, maailmaa muuttavaa kirkkautta.

Tästä eteenpäin tässä kirjassa keskitytään juuri näihin pelastuksen eri puoliin. Tässä osassa pelastusta tarkastellaan vielä sovituksen kannalta. Osassa 6 sitä taas tarkastellaan ilmoituksen kannalta, osassa 7 voiton kannalta ja osassa 8 uuden elämän kannalta.

## Sovitus

Useimmat vaikeaselkoiset teologiset termit on johdettu latinan- ja kreikankielisistä juurista. Englannin kielen sanat "atonement", sovitus, ja "gospel", evankeliumi, ovat ainoat tärkeät englanninkieliset sanat, jotka tulevat muinaisenglannista, "anglosaksista".

Kuten kirjassa *Kadotettujen tavoittaminen* havaitaan, sana "gospel" merkitsi alun perin "good speak", hyvää puhetta, mutta sitä on sittemmin käytetty useilla eri tavoilla. Sama koskee myös sanaa "atonement", sovitus. Monet hengelliset johtajat käyttävät sitä lähes synonyyminä sanalle anteeksianto, mutta tämä on virheellinen tulkinta. "Atonement" pohjautuu muinaisenglannin sanaan "one", yksi, joka laajennettiin sanaksi "one-ment", ykseys. Kyseinen sana merkitsi samaa kuin nykyään

*Pelastus armosta*

käytössä oleva "unity", jonka toinen merkitys on yhtenäisyys. Sanan "atonement" alkuperäistä merkitystä parhaiten vastaava moderni englannin kielen sana olisikin siis "unification", yhdentyminen tai yhtenäistäminen.

Jotkut ovat ehdottaneet, että sana "atonement" tulisi lausua "at-one-ment", jotta sen oikea merkitys olisi selvä. Tämä auttaisi muuten, mutta etuliite "at" ei todellisuudessa ole prepositio. Se on ainoastaan seurasta keskiajalla tapahtuneesta muinaisenglannin sanan *onement* sekoittumisesta latinan kielen sanaan *adunamentum* (joka merkitsee "kohti ykseyttä").

Yksinkertaisesti sanottuna sana "atonement", sovitus, merkitsee "tehdä yhdeksi", ja sillä viitataan koko siihen *prosessiin*, jossa toisistaan etääntyneet tuodaan toistensa yhteyteen, ykseyteen. Pelastuksesta puhuttaessa sovitusprosessi sisältää anteeksiannon, syntien sovituksen, lunastuksen, vanhurskauden välittämisen, adoption ja sovinnon.

Nämä vaikeaselkoiset sanat laajentavat tai havainnollistavat sovitusprosessin puolia, mutta ne eivät ole synonyymeja sovitukselle eivätkä myöskään erillisiä prosesseja.

Edellä havaittiin, että joissakin raamatunkäännöksissä heprean kielen sana *kaphar* on käännetty sanalla "sovittaa", mutta että "peittää" on paljon tarkempi käännös sille. Suuri sovituspäivä tekee kuitenkin sovituksen merkityksen varsin selväksi, sillä se sisältää koko pelastusprosessin – täyden synnintunnustuksen; sijaisuhrin, johon kuuluu kuolema synnin vuoksi sekä synnin pois ajaminen (synnin voiman ja muistot synnistä); Jumalan ja hänen kansansa välillä toimivan sovittelijan tekemän työn sekä sovinnon Jumalan ja hänen kansansa välillä, mistä todisteena on se, että ylipappi saa turvallisesti astua sisään kaikkeinpyhimpään. Tämä koko prosessi nähdään kohdassa 3. Moos. 16:11–15.

**Jeesus, sovitus**
Heprealaiskirjeen kohta 9:1–10:39 paljastaa, että suuren

## Pelastus ja sovitus

sovituspäivän rituaali oli selvästi esikuva Kristuksen sovitustyöstä. Esimerkiksi:

◆ Jeesus on suuri ylipappimme, ja hänen uhriverensä täytti sonnien ja vuohipukkien veren. Toisin kuin Vanhan testamentin ylipappien, synnittömän Kristuksen ei kuitenkaan täytynyt uhrata omien syntiensä puolesta.

◆ Aivan kuten ylipappi astui sisään kaikkeinpyhimpään mukanaan uhratun eläimen veri, samoin Jeesus astui taivaaseen mukanaan oma uhriverensä mennäkseen Isän eteen Jumalan kansan sijasta.

◆ Ylipapin täytyi uhrata syntiuhreja joka vuosi, ja tämä vuosittainen toisto muistutti ihmisiä siitä, ettei täydellistä sovitusta oltu vielä annettu. Jeesus kuitenkin sovitti meidät verellään ikuisesti Isän kanssa.

◆ Syntiuhrit kykenivät puhdistamaan syntisen vain seremoniallisesti ja ulkoisesti – ne eivät kyenneet puhdistamaan sisäisesti. Paremmalla uhrillaan Jeesus kuitenkin puhdisti nämä kuolleet teot pois omastatunnostamme.

◆ Telttamaja oli suunniteltu opettamaan Israelille, että synti esti pääsyn Jumalan läsnäoloon. Vain ylipappi, ja hänkin vain kerran vuodessa pitäen uhriverta tiukasti mukanaan, sai astua sisään kaikkeinpyhimpään. Jeesus on kuitenkin astunut sisään taivaaseen "uudella ja elävällä tavalla". Meidän ei enää tarvitse seistä kaukana Jumalasta, vaan Kristuksen kautta voimme lähestyä Jumalaa kasvoista kasvoihin.

◆ Suurena sovituspäivänä synnin liha poltettiin Israelin leirin ulkopuolella. Myös Jeesus kärsi Jerusalemin porttien ulkopuolella käsitelläkseen kansansa synnit ja tuodakseen heidät Jumalan yhteyteen.

*Pelastus armosta*

### Kielikuvia

Uudessa testamentissa käytetään joitakin erityisiä sanoja kuvaamaan näitä neljää sovitusprosessin puolta. Monet uskovat ajattelevat, että nämä ovat vaikeaselkoisia sanoja, jotka viittaavat joihinkin tiettyihin oppeihin. Ne ovat kuitenkin vain innoitettuja vertauskuvia, joita Uuden testamentin kirjoittajat käyttivät havainnollistamaan tuon prosessin eri puolia. Ne on lainattu Uuden testamentin jokapäiväisestä elämästä.

Tämä on seikka, joka meidän täytyy ymmärtää, sillä saatamme ajautua hämmennykseen tai virheellisiin tulkintoihin, jos kehittelemme jotakin vertauskuvaa liian pitkälle tai kuvittelemme, että se on suoraan analoginen, että sen raamatullinen merkitys vastaa suoraan alkuperäistä merkitystä.

### 1. Syntien sovitus

Kohdissa Room. 3:25, 1. Joh. 2:2 ja 4:10 käytetään vertauskuvana Kristuksen työstä kreikan kielen sanaa *hilasterion/hilasmos*, ja se on yleensä käännetty sanalla "syntien sovitus". Tämä kielikuva on lainattu Kreikan uskonnollisesta elämästä, ja se kuvaa prosessia, jolla kreikkalaisten pakanajumalia lepyteltiin tai tyynnytettiin ja jolla ansaittiin heidän hyväntahtoisuutensa.

Syntien sovitus ei selvästikään vastaa tätä alkuperäistä merkitystä, sillä kumpikaan testamentti ei esitä Jumalaa vihaisena jumaluutena, jonka kiintymys täytyisi ostaa tai joka voitaisiin lahjoa muuttamaan mielensä. Syntien sovitus on sen sijaan kielikuva, jolla viitataan Jumalan oikeudenmukaiseen vihaan syntiä kohtaan ja siihen, että Jumala antoi sijaiskärsijän, joka vapaaehtoisesti "täytti" tai "tyhjensi" tai "tyynnytti" Jumalan vihan.

Kreikkalaisessa elämässä ihmisten täytyi lepytellä vihaisia jumalia lahjoilla, joiden antamisessa näillä jumalilla ei ollut osaa eikä arpaa. Elävä Jumala kuitenkin armossaan tahtoi, laittoi alulle, antoi ja täytti kaiken meidän puolestamme, niin että hän saattoi toimia täysin johdonmukaisesti itsensä kanssa ja olla samanaikaisesti sekä rakastava että oikeudenmukainen.

## Pelastus ja sovitus

Kohdat 3. Moos. 17:11, Room. 3:25 ja 1. Joh. 4:10 korostavat Jumalan armoa sovitusprosessin syntien sovittamisen puolessa. Tämän johdosta voidaan sanoa, Jumala täytyi pyhässä vihassaan lepyttää, että Jumala laittoi pyhässä rakkaudessaan alulle tarvittavan lepyttämisen ja että Jumala Kristuksessa kuoli meidän syntiemme sovituksena.

On tärkeää huomioida, että sanan *hilasterion/hilasmos* käännöksestä käydään väittelyä sen välillä, tuleeko sen olla "syntien sovitus" vai "syntien hyvitys" ja tuleeko Jeesuksen sovituskuolemaa siis pitää "syntien sovittamisena" vai "syntien hyvittämisenä". Syntien hyvitys viittaa siihen, mitä Jeesuksen veri tekee meidän puolestamme: se pesee pois syntimme, se hyvittää väärät tekomme. Syntien sovittaminen taas viittaa siihen, mitä Jeesuksen veri tekee Jumalalle: se täyttää hänen oikeudenmukaisuuden vaatimuksensa ja kumoaa hänen pyhän vihansa. On selvää, että molempia näitä tarvitaan. Kristuksen kuolema sai aikaan molemmat: syntien hyvityksen – meidän syntivelkamme maksettiin – ja syntien sovituksen – Jumalan viha meitä kohtaan käännettiin pois.

### 2. Lunastus

Kielikuva *apolutrosis* lainattiin Kreikan talouselämästä, missä se kuvasi prosessia, jossa tavarat tai omaisuus ostettiin johonkin kiinteään hintaan. Sitä käytettiin yleisesti myös orjien ostamisesta ja/tai vapauttamisesta puhuttaessa sekä sotavankien "lunnaista".

Lunastuksen ajatusta käytetään laajasti Vanhassa testamentissa omaisuuden, eläinten, ihmisten ja juutalaisen kansan ostamisesta. Tämä havaitaan esimerkiksi kohdissa 2. Moos. 13:13, 30:12–16, 34:20; 3. Moos. 25:25–28, 27; 4. Moos. 3:40–51, 18:14–17; Ruut 3–4; 2. Sam. 7:23; Jes. 43:1–4 sekä Jer. 32:6–8.

Vanhassa testamentissa ihmisten lunastukseen kuuluu kiinteänä osana aina hinnan maksaminen. Sitä vastoin kohdissa, joissa Jumalaa kutsutaan lunastajaksi (suomenkielisissä Raamatuissa myös vapauttaja tai pelastaja, suom. huom.),

*Pelastus armosta*

hinnalla viitataan aina Jumalalle kalliiksi käyvään ponnisteluun. Tämä havaitaan esimerkiksi kohdissa 2. Moos. 6:6; 5. Moos. 9:26; Neh. 1:10 ja Ps. 77:15.

Uudessa testamentissa "lunastus" tai "vapautus" on kielikuva, jolla viitataan *ahdinkoon*, josta ihmiskunta on lunastettu/vapautettu, *hintaan*, jolla meidät on lunastettu, ja lunastajan *omistusoikeuteen*.

Jakeiden Gal. 3:13, 4:5; Ef. 1:7; Kol. 1:13–14; Tit. 2:14; Hepr. 9:15 ja 1. Piet. 1:18 kaltaisissa kohdissa puhutaan *ahdingosta*, josta ihmiskunta on lunastettu. Kristus antoi itsensä lunastaakseen meidät *kaikista* syntiinlankeemuksen seurauksista. Olemme voineet elää todeksi hänen lunastustaan Golgatasta lähtien, mutta odotamme edelleen lopullista "lunastuksen päivää", jolloin meistä tulee täydellisiä ja koko luomakunta vapautetaan rappeutumisen siteistä. Siihen asti Pyhä Henki on lopullisen lunastuksemme tae ja ensihedelmä. Tämä havaitaan kohdissa Luuk. 21:28; Ef. 1:14, 4:30 ja Room. 8:18–23.

Uusi testamentti tekee selväksi, että Kristus itse, ja erityisesti hänen verensä, oli *hinta*, joka maksettiin (Raamattu ei kuitenkaan koskaan vie tätä kielikuvaa liian pitkälle ja tiedustele, kelle tämä hinta maksettiin). Hinta nähdään kohdissa Mark. 10:45; Room. 3:24–25; Gal. 3:13, 4:4–5; Ef. 1:7; 1. Tim. 2:5–6; Tit. 2:14 sekä 1. Piet. 1:18–19.

Lisäksi kielikuvaa lunastuksesta käytetään Raamatussa painottamaan sitä, että lunastajalla on *omistusoikeus* hankintaansa. Se että Jeesus on sekä seurakunnan että yksittäisten kristittyjen Herra, katsotaan sen ansioksi, että hän osti meidät omakseen omalla verellään. Tämä havaitaan esimerkiksi kohdissa Ap. t. 20:28; 1. Kor. 6:18–20, 7:23; 2. Piet. 2:1; Ilm. 1:5–6, 5:9 ja 14:3–4.

3. Vanhurskautus

Kolmas havainnollistava sana lainattiin kreikkalaisista oikeussaleista, joissa *dikaiosune*, vanhurskautus, oli tuomitsemisen täydellinen vastakohta. Kreikkalaiset ja roomalaiset tuomarit julistivat syytetyn joko "syylliseksi"

## Pelastus ja sovitus

tai "syyttömäksi", syytetyt siis joko "vanhurskautettiin" tai "tuomittiin", ja Paavali käyttää juuri tätä kielikuvaa Roomalaiskirjeen jakeissa 5:18 ja 8:34.

Termi "vanhurskauttaa" havainnollistaa Jumalan toimintaa hänen julistaessaan syntiset vapaiksi syytöksistä Poikansa sijaiskärsimyksen perusteella. Poikansa, joka kuluttaa loppuun syntisten tuomion ja "lukee vanhurskautensa heidän syyksensä, heidän hyväkseen", niin että he voivat seistä Jumalan edessä Kristuksen vanhurskaudella.

"Vanhurskauttaminen" on yksinkertaisesti ensimmäisen vuosisadan havainnollistava kuvaus siitä, kun Jumala julistaa ihmisen julkisesti vanhurskaaksi puolueettoman oikeudellisen armahduksensa perusteella. Se on kielikuva oikeudellisessa asemassa tapahtuneesta muutoksesta – se ei anna mitään tietoa luonteessa tapahtuneesta muutoksesta eikä viittaa sellaiseen millään tavalla. Jumala totta kai muuttaa myös ihmisen luontoa uudelleensyntymän ja pyhityksen kautta, mutta kielikuva vanhurskauttamisesta ei viittaa näihin pelastuksen puoliin.

Paavali laajentaa tätä kielikuvaa ja osoittaa, että meidät on vanhurskautettu:

- ◆ yksin Jumalan armosta – se on täysin hänen aloitettaan ja hänen aikaansaannostaan – Room. 3:10, 20 ja 24 sekä 8:33.

- ◆ yksin Kristuksen verellä – se on nimenomainen oikeudellinen teko – Room. 5:9.

    Kun Jumala vanhurskauttaa syntiset, hän ei julista pahoja ihmisiä hyviksi tai sano, etteivätkö nämä olisi syntisiä. Sen sijaan hän julistaa heidät laillisesti vanhurskaiksi, virallisesti syyttömiksi, sen johdosta, että hän Kristuksessa kantoi rangaistuksen heidän lainrikkomuksistaan.

- ◆ yksin uskosta – meidän täytyy ottaa vastaan, mitä hänen armonsa tarjoaa, ja turvautua täysin siihen, mitä Jumala on Kristuksessa tehnyt puolestamme – Room.

*Pelastus armosta*

3:28, 5:1; Gal. 2:16 ja Fil. 3:9.

Vanha uskonpuhdistuksessa käytetty sanonta "yksin armosta, yksin Kristuksen tähden, yksin uskosta" on hyödyllinen yhteenveto näistä.

◆ yhdessä Kristuksessa – se on myös yhteisöllistä, eikä siinä ole etnisiä, kansallisia tai sukupuoleen liittyviä raja-aitoja – Gal. 2:17, 3:26–29; Room. 8:1; 2. Kor. 5:21 ja Ef. 1:6.

## 4. Sovinto

Neljäs kielikuva, sovinto, *katallasso*, lainattiin kreikkalaisten jokapäiväisestä elämästä, jossa sitä käytettiin minkä tahansa kahden osapuolen etääntyneiden välien korjaantumisesta. Sillä viitattiin vanhoihin ystäviin tai sukulaisiin, jotka tekivät sovinnon kiistan tai riidan jälkeen.

Tämä kuva viittaa sovituksen suureen tarkoitukseen, pelastuksen taustalla vaikuttavaan jumalalliseen kaipaukseen. Me olemme saaneet anteeksi, Jumala on lepytetty, meidät on lunastettu ja vanhurskautettu, meidät on vapautettu paholaisen vallasta, Jumala ilmoittaa itsensä ja toisintaa luontonsa, *jotta* Jumala voisi tehdä sovinnon kanssamme ja me voisimme elää hänen kanssaan ikuisessa täydellisen yhteyden suhteessa, joka oli hänen alkuperäinen tarkoituksensa jo Edenissä.

Meidän on kuitenkin tärkeää tunnistaa, että tätä kuvaa käytetään aina niin, että meidän täytyy tehdä sovinto Jumalan kanssa – ei koskaan niin, että Jumala täytyy tehdä sovinto meidän kanssamme. Jumala tarvitsee lepyttää, hänen ei tarvitse tehdä sovintoa – ja meidän tarvitsee tehdä sovinto, me emme tarvitse lepyttämistä!

Tämä suhde on niin tärkeä, niin perustavanlaatuinen, ettei siihen riitä vain yksi kielikuva. Raamatussa käytetään myös kielikuvia "adoptoiminen" Jumalan perheeseen, "rauha" Jumalan kanssa ja "pääsy" Jumalan luo, kun siinä yritetään saada kerrottua tästä ristin valmistamasta sanoinkuvaamattoman

## Pelastus ja sovitus

ihmeellisestä suhteesta. Nämä kielikuvat voidaan löytää kohdista Joh. 1:12-13; 1. Joh. 3:1-10; Room. 5:1-2, 8:14-17; Gal. 3:26-29, 4:1-7; Ef. 2:17-18, 3:12; Hepr. 10:19-22 ja 1. Piet. 3:18.

Sovinto on kielikuva jumalasuhteesta, joka on sekä pelastuksen tarkoitus että sen hedelmää. Mutta vasta kun olemme saaneet anteeksiannon ja meidät on lunastettu ja vanhurskautettu, meillä voi olla tällainen rauhanomainen pääsy Jumalan luo hänen adoptoituina lapsinaan – sovinto hänen kanssaan.

Raamatullisessa sovinnossa ei kuitenkaan ole pelkästään kyse uudistuneesta jumalasuhteesta. Siinä on lisäksi kyse uudesta suhteesta muiden ihmisten kanssa Kristuksessa ja Kristuksen kautta – kohta Ef. 2:11-22 keskittyy tähän sovinnon puoleen. Lisäksi siinä on kyse ylimaailmallisesta sovinnosta, johon viitataan Kolossalaiskirjeen jakeissa 1:15-20 – tämä on pelastuksen "maailmaan" liittyvää dynamiikkaa, jota painotetaan kirjoissa *Isän tunteminen* ja *Kadotettujen tavoittaminen*.

Jakeet 2. Kor. 5:18-21 paljastavat monia seikkoja sovinnosta. Niissä painotetaan, että:

◆ Jumala on suuri sovinnon kirjoittaja tai alulle panija, joka on pelkkää armoa – hän halusi sitä, hän laittoi sen alulle

◆ Kristus on sovinnon edustaja – Jumala teki sen Pojassaan ja Poikansa kautta

◆ me olemme sovinnon lähettiläitä – meidän täytyy ottaa se omaksemme, elää sitä, julistaa sitä ja toteuttaa sitä käytännössä.

### Sovitus

Nämä neljä kielikuvaa ensimmäisen vuosisadan elämästä ovat pelkästään "arkisia" havaintoesimerkkejä sovituksen päällekkäisistä puolista. Niitä ei voida sovittaa yhteen yksinkertaiseksi teoriaksi siitä, mitä sovitus on. Ne vain

*Pelastus armosta*

antavat meille tietoja tuosta salaisuudesta, ne eivät muodosta täydellistä oppia.

Jokainen näistä kielikuvista korostaa kuitenkin kolmea sovitukseen, Jumalan yhteen tuomisen prosessiin, liittyvää perusperiaatetta:

- Ihmiskunnalla on erittäin suuri tarve – syntien sovitus viittaa Jumalan vihaan syntiä kohtaan, lunastus siihen, kuinka me olemme synnin orjia, vanhurskautus syyllisyytemme Jumalan edessä ja sovinto eristäytyneisyyteemme Jumalasta.

- Jumala on pelkkää armoa – juuri hän teki rakkaudessaan aloitteen ja lepytti oman vihansa, maksoi hinnan meidän lunastamiseksemme orjuudesta, kesti oman rangaistuksensa julistaakseen meidät vanhurskaiksi ja sovitti meidät kanssaan.

- Se on saatu ainoastaan Kristuksen veren sijaisuhrin kautta – tämä havaitaan kohdissa Room. 3:25, 5:9; Ef. 1:7, 2:23 ja Kol. 1:20.

Jeesuksen kuolema ristillä sijaiskärsijänä oli kertakaikkinen sovitusuhri, jonka ansiosta Jumala käänsi vihansa pois meistä, *ja* se oli lunnashinta, jolla meidät on lunastettu vapaiksi, *ja* se oli syyttömän tuomitseminen, jonka ansiosta syylliset voivat tulla vanhurskautetuiksi – *jotta* voisimme olla yhtä Jumalan kanssa, yhtä toistemme kanssa ja yhtä luomakunnan kanssa iankaikkisesti.

Näin ihmeellinen on jo pelkästään yksi pelastuksemme puolista – lisäksi on vielä kolme muutakin tätä täydentävää puolta tarkasteltavana.

# Osa 6

# Pelastus ja ilmoitus

Läpi tämän *Hengen miekka* -kirjasarjan painotetaan, että Jumalan sanat ja Jumalan teot ovat pohjimmiltaan sellaisia, että ne ilmoittavat jotakin itse Jumalasta. Koska Jumala on itsessään täysin johdonmukainen luontonsa kanssa, kaikkien hänen tekojensa, sanojensa, ajatustensa ja asenteidensa täytyy mukautua sekä toisiinsa että kaikkeen, mitä hänen pyhä luonteensa on.

Tämän vuoksi Jumalan suuri pelastusteko ristillä *maailman puolesta* on siis samalla myös hänen rakkaan Poikansa kuoleman kautta hänen suuri ilmoituksensa itsestään *maailmalle*.

## Jumalan kirkkaus

Kirjassa *Jumalan kirkkaus seurakunnassa* havaitaan, että heprean kielen kirkkautta tarkoittava sana on *kabod*. Sitä käytetään Vanhassa testamentissa joskus jonkun henkilön aineellisesta vauraudesta, fyysisestä loistosta tai hyvästä maineesta, mutta yleensä se on varattu Jumalalle itselleen.

Ilmausta "Jumalan kirkkaus" käytetään Vanhassa testamentissa kahdella eri tapaa: ensinnäkin rinnakkaisterminä ilmaukselle "Jumalan nimi", joka viittaa Jumalan luontoon sellaisena kuin hän sen itse on ilmoittanut, ja toisekseen kun kuvataan tietyssä paikassa ilmenevää *näkyvää* Jumalan läsnäoloa. Yksinkertaisesti sanottuna Jumalan *kabod* osoittaa ihmisille, *missä Jumala on* ja *millainen Jumala on*: se on hänen ehdottoman pyhyytensä paikallinen, näkyvä ilmentymä.

Vanhassa testamentissa Jumalan kirkkaus paljastettiin:
- ◆ luodussa maailmassa – kohdissa Ps. 19:1, 29:9 ja Jes. 6:3 kerrotaan, että taivas ja maa olivat täynnä Jumalan

*Pelastus armosta*

kirkkautta (suomenkielisissä käännöksissä joskus myös "kunnia", suom. huom.)

◆ Jumalan lunastetulle kansalle – kohdissa 4. Moos. 14:22; Ps. 97:2–6; Jes. 35:2, 40:5 ja 2. Moos. 33:18–34:7 kerrotaan, kuinka Jumala osoitti kirkkautensa siinä, kun hän vapautti Israelin Egyptistä ja Babylonista

◆ uhraamisen hetkellä – kohdissa 2. Moos. 24; 3. Moos. 9:6–24 ja 1. Kun. 8:1–11 kerrotaan, kuinka Jumala osoitti kirkkautensa vastauksena kansansa kiitollisiin uhreihin.

Kreikan kielen kirkkautta tarkoittava sana on *doxa*, ja sitä käytetään Uudessa testamentissa yleensä, kun kerrotaan siitä, miten Jeesus ilmoitti armossa ja voimallisilla teoilla Jumalan läsnäolon ja luonnon. Jeesuksessa näkyvä Jumalan kirkkaus osoitti, että Jumala oli läsnä henkilössä. *Lisäksi* se paljasti Jeesuksen kuninkaallisen arvovallan ja nöyrän, itsensä uhraavan luonnon niiden koko laajuudessa.

Heprealaiskirjeen jae 1:3 osoittaa, että Jeesus oli aina jo ollut Jumalan kirkkauden säteily (vrt. v. 1938 käännös), mutta että hänen ristinkuolemansa oli Jumalan kirkkauden ilmestymisen erityinen huippuhetki (ainoa ennen hänen toista tulemistaan). Tämä havaitaan esimerkiksi kohdissa Joh. 7:39, 12:23–28, 13:31, 17:5 ja Hepr. 2:9.

Kohdat Luuk. 9:32, Joh. 2:1–11 ja 11:1–44 osoittavat, että Jumalan kirkkaus (hänen paikallinen läsnäolonsa ja hänen luontonsa) oli näkyvästi esillä Kaanan häissä, Betanian hautausmaalla ja kirkastusvuorella. Hänen kirkkautensa (hänen paikallinen läsnäolonsa ja hänen luontonsa) oli kuitenkin kaikkein selvimmin nähtävillä Golgatalla – sillä siellä nähtiin täydellinen ilmoitus Jumalan luonnosta, suurin mahdollinen osoitus hänen armostaan ja rakkaudestaan, ylin ilmentymä hänen ehdottomasta pyhyydestään ja täydellinen esitys hänen läsnäolostaan, voimastaan ja itsensä uhraavasta luonnostaan.

Yksinkertaisesti sanottuna risti oli tähän asti näkyvin ilmenemä Jumalan paikallisesta läsnäolosta maailmassa ja

*Pelastus ja ilmoitus*

Jumalan pyhästä luonnosta maailmalle: se oli kirkkauden perikuva.

Ajatus "Kristuksessa Jeesuksessa näkyvästä Jumalan kirkkaudesta" (Jumalan paikallisesta läsnäolosta ja henkilökohtaisesta luonnosta, jotka ilmoitetaan Jeesuksessa) on erityisen vahva Johanneksen evankeliumissa. Siinä osoitetaan, että Jumalan läsnäolo ja luonto tulevat näkyviksi Jeesuksen ihmeissä, joita siinä kutsutaan "tunnusteoiksi" tai "merkeiksi", mutta lisäksi siinä painotetaan, että Jumalan kirkkaus nähdään Jeesuksen vapaaehtoisessa heikkoudessa, kun hän ihmiseksitulossaan vapaaehtoisesti uhrasi itsensä. Tämä havaitaan esimerkiksi jakeessa Joh. 1:14.

**Telttamajan kirkkaus**
Jakeessa Joh. 1:14 on tärkeä viittaus Vanhaan testamenttiin. Kreikan kielen sana *eskenosen* on suomenkielisissä raamatunkäännöksissä käännetty yleensä sanalla "asua", mutta sanatarkasti se tarkoittaa "pystyttää teltta" ja on suora viittaus Vanhan testamentin telttamajaan.

Jae Joh. 1:14 osoittaa, että vaikka Sana tuli ihmislihaksi, hän ei lakannut olemasta pyhä Jumala. Sen sijaan Jumala "pystytti telttansa" tai "telttamajansa" ihmislihaan, niin että hän saattoi elää jonkin aikaa kansansa keskellä. On tärkeää pitää mielessä, että tämä ei tarkoita sitä, etteikö Jeesus olisi tullut täysin tai lopullisesti ihmiseksi.

Sanan *eskenosen* käyttö jakeessa Joh. 1:14 antaa ymmärtää, että ihmiseksitulo on kohdan 2. Moos. 25:8–9 esikuvan täyttymys. Kyseisissä jakeissa israelilaisille annettiin käsky tehdä telttamaja tai pyhäkkö, niin että Jumala voisi asua kansansa keskellä. Telttamaja – ja myöhemmin temppeli – olivat paikkoja, joissa Jumalan läsnäolo oli maan päällä tietyssä paikassa, ja jakeissa Hes. 43:7, Joel 3:17 ja Sak. 2:10 kerrotaan sen päivän odotuksesta, jolloin Jumala jälleen "pystyttäisi telttansa" Siioniin. Jae Joh. 1:14 sanoo epäsuorasti, että ihmiseksi tullut Jeesus on tämän profeetallisen lupauksen täyttymys.

*Pelastus armosta*

Jumalan kirkkaus liittyi aina telttamajaan ja temppeliin – tämä havaitaan kohdissa 2. Moos. 24:9–25:9, 40:34; 1. Kun. 8:10–11 sekä Hes. 11:23 ja 44:4. Siksi onkin luonnollinen jatkumo, että jae Joh. 1:14 esittelee Jeesuksen uutena telttamajana, joka on jatkuvasti (ei siis vain toisinaan) täynnä Jumalan kirkkautta, Jumalan omaa läsnäoloa ja luontoa.

(On mielenkiintoista huomioida Markuksen evankeliumin jakeet 9:2–8, joissa kerrotaan siitä, kuinka opetuslapset olettivat, että heidän tulisi tehdä teltta tai maja, koska he olivat nähneet Jumalan kirkkauden.)

Tiedämme, että kirkkaus paljastaa Jumalan *läsnäolon* ja hänen *luontonsa*. Joten aivan kuten jakeissa 2. Moos. 34:5–8 kerrotaan, kuinka Jumala osoitti näkyvän läsnäolonsa ja ilmoitti olevansa laupias, armollinen ja täynnä totuutta, samoin jakeessa Joh. 1:14 mainitaan, että Jeesuksessa näkyvä Jumalan kirkkaus on täynnä armoa ja totuutta.

Telttamajan kirkkaus liittyi läheisesti myös uhraamiseen. Vanhassa testamentissa Jumalan kirkkaus ilmestyi usein juuri uhraamisen yhteydessä – esimerkiksi kohdissa 2. Moos. 24, 40:9–35; 3. Moos. 9:6–24 ja 1. Kun. 8:1–11. Joten Uudessa testamentissakin hänen kirkkautensa liittyy Pojan itsensä uhraavaan "telttamajaksi tuloon", ihmiseksituloon, joka huipentui Pojan kuolemaan kertakaikkisena sijaisuhrina.

Kaikissa evankeliumeissa ennakoidaan ristillä tapahtuvaa kirkkauden ilmestymistä, mutta siitä puhutaan niissä hieman eri tavoilla. Esimerkiksi jakeessa Luuk. 24:26 ristin kärsimykset ovat tie tulevaan kirkkauteen, kun taas jakeet Joh. 12:20–28, 13:30–32 ja 17:1 osoittavat, että nimenomaan risti on se paikka ja hetki, missä kirkastaminen tapahtuu.

On tärkeää huomata, että jakeissa Joh. 12:20–28, 13:30–32 ja 17:1 kerrotaan ristillä tapahtuvasta kirkastamisesta viitaten Isään *ja* Poikaan yhdessä. Risti tuo julki sekä Isä-Jumalan läsnäolon ja luonnon että Poika-Jumalan läsnäolon ja luonnon. Golgatan tapahtumissa voidaan nähdä sekä täydellinen jumaluus että täydellinen ihmisyys.

*Pelastus ja ilmoitus*

Yksinkertaisella puisella ristillä Jumalan pyhä hyvyys ja paras mahdollinen esimerkki inhimillisestä hyvyydestä asetettiin koko maailman eteen – ja meidän tulee katsella heitä molempia yhdessä heidän ilmoittaessaan Jumalan pyhän luonnon ja muistuttaessaan meitä siitä, mitä meidän tulisi olla.

### Jumalallinen oikeudenmukaisuus ja rakkaus

Kohdat Room. 3:25–26 ja 5:8 julistavat, että Kristuksen kuolema oli julkinen osoitus sekä Jumalan oikeudenmukaisuudesta että hänen rakkaudestaan. Edellä todettiin jo, että Jumalan johdonmukaisuus itsensä kanssa oli yksi ristiin johtaneista vaikuttimista, ja nyt saadaan havaita, ettei Jumala pelkästään "täyttänyt" oikeudenmukaisuuden ja rakkauden vaatimuksiaan ristillä vaan myös paljasti oikeudenmukaisuutensa ja rakkautensa maailmalle.

### Jumalan oikeudenmukaisuus

Jumalan oikeudenmukaisuus ei ollut ennen ristiä ollut huomiota herättävän näkyvää maan päällä. Monet syntiset olivat menestyneet, paljon pahaa oli tapahtunut ilman, että siitä oli seurannut rangaistusta, ja Jumala oli usein vaikuttanut kykenemättömältä, epäoikeudenmukaiselta ja moraalisesti välinpitämättömältä.

Raamattu kertoo jakeen 1. Moos. 18:25 kaltaisissa kohdissa sekä läpi Jobin, Sananlaskujen ja Saarnaajan kirjan, kuinka Raamatun henkilöt ja kirjoittajat kamppailivat tämän dilemman kanssa. He halusivat tietää, miksi pahat menestyivät ja viattomat kärsivät. Miksi syntiset eivät saaneet rangaistusta, kun taas vanhurskaita kohtasivat erilaiset onnettomuudet. Miksi Jumala ei aina suojellut kansaansa, vastannut kansansa rukouksiin ja palkinnut kansansa vanhurskautta.

Vanhassa testamentissa tätä käsitellään odottamalla viimeistä tuomiota ja julistamalla, että vaikka syntiset saattavat menestyä jonkin aikaa, heitä kohtaa vielä Jumalan vanhurskas tuomio. Tämä havaitaan esimerkiksi Psalmin 73 kaltaisissa kohdissa.

*Pelastus armosta*

Uusi testamentti toistaa tämän lupauksen tulevasta ja lopullisesta tuomiosta esimerkiksi kohdissa Ap. t. 17:30-31; Room. 2:3 ja 2. Piet. 3:3-9. Uudessa testamentissa kuitenkin lisäksi katsotaan taaksepäin ristin julistamaan tuomioon. Risti osoittaa siihen tosiseikkaan ja korostaa sitä, että tulevaisuudessa on odotettavissa tuomio. Niillä, jotka torjuvat ristin, ei ole muuta jäljellä kuin Jumalan tuleva tuomio.

Kohdat Room. 3:21-26 sekä Hepr. 9:15 ja 10:4 julistavat, että Jumalan ratkaiseva tuomio on jo tapahtunut. Niissä painotetaan sitä, että Jumalan toimettomuus Vanhassa testamentissa oli ollut vain armosta tapahtunutta tuomion siirtämistä myöhemmäksi – ei siis sen epäoikeudenmukaista peruuttamista.

Ristillä – uhrinsa kautta – Jumala paljasti viimeinkin ja täysin täydellisen oikeudenmukaisuutensa tuomitsemalla kaikki synnit Kristuksessa. Ristillä hän myös antoi näkyvän todisteen luontaisesta oikeudenmukaisuudestaan kantamalla itse, Kristuksessa, oman oikeudenmukaisen rangaistuksensa kaikesta maailman pahuudesta.

Sen jälkeen kun Jumala uhrasi itsensä ristillä, häntä ei voi enää syyttää siitä, että hän katsoisi pahuutta läpi sormiensa tai olisi epäoikeudenmukainen. Tämä siksi, koska hänen oikeudenmukaisuutensa siinä, että hän tuomitsee ja rankaisee synnit, on nyt kertakaikkisesti paljastettu selvästi ja vakuuttavasti koko luomakunnalle.

### Jumalan rakkaus

Pitkälti sama pätee myös Jumalan rakkauteen: sekään ei ollut ennen ristiä ollut kovinkaan selvästi näkyvissä ihmiskunnalle. Sairaudet, onnettomuudet, rappeutuminen ja jopa kuolema kaikki sotivat sitä vastaan, että Jumalaa luonnehtii juuri rakkaus. Tragediat, kiduttamiset, hirmuvaltaisuus ja kärsimykset eivät mitkään tuntuneet sopivan yhteen sen kanssa, että Jumalan on rakkaus. Mutta ristillä Jumala viimein paljasti ihmiskunnalle mittaamattoman suuren, ehtymättömän, kaikkea tietämystä suuremman, itsensä antavan rakkautensa.

## Pelastus ja ilmoitus

Uusi testamentti määrittää rakkauden aina viitaten Jumalan ristillä antamaan uhriin. Tämä havaitaan erityisen selvästi kohdissa Room. 5:8 sekä 1. Joh. 3:16 ja 4:7–21.

Kaikki ihmiset kokevat jonkinlaista rakkautta tässä elämässä, mutta Raamattu sanoo, että on ollut vain yksi ainoa puhtaan ja epäitsekkään rakkauden teko, jossa ei ollut mitään salattuja taka-ajatuksia: se kun Jumala antoi itsensä ristillä Kristuksessa syntisten puolesta, jotka eivät sitä ansainneet. Se oli suurin mahdollinen rakkauden teko.

Roomalaiskirjeen jae 5:8 antaa ymmärtää, että siihen, kun Jumala paljasti rakkautensa ristillä, liittyi kolme eri puolta:

◆ Hän antoi Poikansa – Joh. 3:16 ja Room. 8:32.

◆ Hän antoi *Poikansa kuolemaan* – Fil. 2:7–8.

◆ Hän antoi Poikansa kuolemaan *meidän puolestamme* – syntisten, jumalattomien ja heikkojen vihollistensa puolesta – Room. 3:18 ja 23, 5:6 ja 10 sekä 8:7.

Poika kuoli ristillä, johon sotilaat olivat hänet ripustaneet kahden rosvon väliin – ja Isä jätti hänet sinne yksin. Miksi? Siksi koska he rakastivat rosvoja, kiduttajia ja kaikkia niitä, jotka olivat vaatineet Pojan kuolemaa.

Ristillä Jumala antoi kaiken rakkautensa tähden niitä kohtaan, jotka eivät ansaitse mitään. Isä antoi Pojan niiden puolesta, jotka mieluummin palvelevat muita jumalia, ja Poika antoi itsensä niiden puolesta, jotka toistuvasti sivuuttavat hänet. Molemmat luopuivat keskinäisestä suhteestaan suunnattoman suuren rakkautensa vuoksi koko maailmaa ja jokaista ihmiskunnan jäsentä kohtaan.

Golgatan uhriin liittyvien kauheiden kärsimysten ja jumalallisen eron jälkeen on mahdotonta katsoa ristiin ja kyseenalaistaa Jumalan rakkaus, sillä mikään ei voi ilmaista Jumalan rakkautta selvemmin kuin tämä täysin epäitsekäs itsensä uhraaminen.

Jeesuksen uhrikuolema tapahtui Jumalan oikeudenmukaisuuden ja Jumalan rakkauden tähden: ne olivat sen ainoat vaikuttimet. Kuten edellä havaittiin, Jeesuksen kuolemalla oli

*Pelastus armosta*

useita seurauksia, mutta yksi niistä oli tämä Jumalan täydellisen rakkauden ja oikeudenmukaisuuden paljastaminen *sekä* esimerkin näyttäminen täydellisestä ihmisestä kaikkien ihmisten jäljiteltäväksi.

Tästä seuraa, että niiden, jotka vaeltavat Jeesuksen jalanjäljissä, tulee varmistaa, että myös kaikkien heidän uhraustensa vaikuttimena on Jumalan ehdoton oikeudenmukaisuus ja hänen rajattoman suuri epäitsekäs rakkautensa. Heidän tulee antaa kaikkensa ilman minkäänlaisia pyrkimyksiä manipuloida muita ja ilman vähäisintäkään itseriittoisuutta.

Jos teemme näin, voimme olla varmoja kahdesta asiasta: ensinnäkin siitä, että uhrauksemme paljastavat jotakin Jumalan kirkkaudesta, hänen luonteestaan ja paikallisesta läsnäolostaan ympärillämme oleville ihmisille tavalla, jolla mikään muu ei voi sitä tehdä. Ja toisekseen siitä, että itsensä uhraava Jumala on syvästi läsnä vapaaehtoisessa kärsimyksessämme, eristyneisyydessämme ja riistossamme.

**Jumalallinen viisaus ja voima**
Roomalaiskirjeen ensimmäiset 11 lukua ovat Paavalin klassista selontekoa evankeliumista. Näissä luvuissa Paavali kertoo, kuinka Jumala antoi Kristuksen sijaisuhriksi, kuinka hän vanhurskauttaa meidät, kun uskomme Kristukseen, kuinka hän alkaa muuttaa meitä Pyhän Hengen tekemän työn kautta ja kuinka hän muovaa meitä uudeksi yhteisöksi, johon kaikki ihmiset pääsevät samoilla ehdoilla kuin juutalaiset.

Ennen kuin Paavali siirtyy soveltamaan evankeliumia Roomalaiskirjeen luvuissa 12–16, hän pysähtyy pitämään pienen hengähdystauon. Jakeissa Room. 11:33–36 hän ylistää sitä nerokasta viisautta, joka suunnitteli pelastuksen niin, että se samanaikaisesti täyttää sekä kaikki ihmiskunnan tarpeet että kaikki Jumalan luonnon mukaiset vaatimukset. Edellä havaittiin, että Roomalaiskirjeen ensimmäiset luvut painottavat sitä, että Jumalan täydellinen oikeudenmukaisuus ja rakkaus tuotiin julki ristillä – ja nyt jakeet 11:33–36

## Pelastus ja ilmoitus

osoittavat, että risti paljastaa myös Jumalan täydellisen viisauden.

### Ihmisviisauden vastakohta

Paavali toistaa tämän saman ajatuksen kohdassa 1. Kor. 1:17–2:5. Siinä hän painottaa sekä sitä, että risti paljastaa Jumalan viisauden ja voiman, että sitä, että se on maallisen viisauden ja voiman vastakohta.

Jakeessa 1. Kor. 1:22 Paavali osoittaa, että juutalaiset ja kreikkalaiset asettivat eri ehtoja evankeliumin vastaanottamiselle: juutalaiset vaativat voimallisia tunnustekoja ja kreikkalaiset taas etsivät suurta viisautta. Nämä kaksi ihmisryhmää halusivat evankeliumin sanoman todistavan heille aitoutensa sisäsyntyisellä voimallaan ja viisaudellaan.

Jae 1. Kor. 1:23 osoittaa kuitenkin, ettei Paavalin sanoma tehnyt heihin vaikutusta eikä vastannut heidän vaatimuksiinsa. Risti loukkasi molempia ihmisryhmiä yhtä lailla. Se oli heille "hulluutta" ja "herjaus". Paavalille risti oli kuitenkin näiden täydellinen vastakohta. Jakeessa 1:24 hän paljastaa, että heikkoudessa ristiinnaulittu Kristus on todellisuudessa Jumalan voima ja että näennäisesti hullulta näyttävä Kristus on itse Jumalan viisaus. Sitten jakeessa 1:25 Paavali tekee selväksi, että Jumalan hulluus on viisaampaa kuin ihmisten viisaus ja että hänen heikkoutensa on voimakkaampaa kuin ihmisten voimakkuus.

Vaikka risti siis useimmista ihmisistä vaikuttaakin osoittavan suurinta mahdollista voimattomuutta ja hullutusta, se on todellisuudessa suurin mahdollinen ilmoitus Jumalan henkilökohtaisesta viisaudesta ja voimasta.

Paavali selittää tätä jakeissa 1. Kor. 1:26–31 viittaamalla korinttilaisten kokemuksiin. Useimmat Paavalin kirjeiden lukijoista eivät olleet viisaita tai vaikutusvaltaisia ihmisiä. Itse asiassa Jumala oli tarkoituksella valinnut tyhmiä ja heikkoja saattaakseen viisaat ja vahvat häpeään ja sulkeakseen pois inhimillisen ylpeilyn mahdollisuuden. Sille ei olisi edes ollutkaan mitään sijaa, sillä yksin Jumala oli tuonut heidät

*Pelastus armosta*

Kristuksen yhteyteen ja vain Kristus oli se, josta oli tullut heidän viisautensa ja voimansa.

Jakeissa 1. Kor. 1:30-31 Paavali korostaa pelastuksen monitahoista luontoa tiivistämällä ristin sanoman armosta annetuksi lahjaksi, johon kuuluu neljä mahtavaa siunausta Kristuksessa: Jumalan henkilökohtainen viisaus, vanhurskaus, pyhitys ja lunastus.

### Jumalan henkilökohtainen viisaus

Paavalin väittämä, että Jeesus on henkilössä läsnä oleva Jumalan viisaus, vastaa myös Vanhan testamentin käsityksiä. Jobin, Psalmien, Sananlaskujen ja Saarnaajan kirjat sekä Laulujen laulu ovat "viisauskirjallisuutta", ja Sananlaskujen kirjan luvuissa 1-9 on Raamatun selkein ja kaikkein yksityiskohtaisin kuvaus Jumalan viisaudesta.

Nämä tärkeät luvut elollistavat "Viisauden" ja esittävät tyhmyyden viisauden vastakohtana (sen, että ihminen kieltäytyy tuntemasta tai tunnustamasta Jumalaa). Lisäksi niissä on suuri joukko väitteitä ja lupauksia, jotka kaikki Jeesus ("Sana") täytti tai toisti - esimerkiksi Sananl. 7:2, 8:6-8, 17, 18-21 ja 32-35 sekä 9:5-6.

Seuraavaksi Paavali havainnollistaa Jumalan viisautta ja voimaa jakeissa 1. Kor. 2:1-5 viittaamalla omiin kokemuksiinsa. Hän kertoo, ettei ollut käynyt Korintissa omassa voimassaan tai puhunut siellä ihmisviisautta täynnä olevaa sanomaa. Sen sijaan hän oli tuonut näennäisesti tyhmältä vaikuttavan ristin sanoman ja esiintynyt heikkona, arkana ja pelokkaana - turvaten siihen, että Pyhä Henki vahvistaisi hänen sanansa ja vakuuttaisi ihmiset siitä, että ne olivat totta.

Paavali meni korinttilaisten luo vaikuttaen tyhmältä ja heikolta, jotta hän voisi varmistua siitä, että ihmisten usko lepäsi tiukasti Jumalan henkilökohtaisen voiman ja viisauden varassa eikä inhimillisten käsitysten ja kykyjen varassa. Tämä osoittaa, kuinka ehdottoman tarpeellinen asia uudestisyntyminen on ja kuinka täysin väärin on turvata älyyn, moraaliin tai tunteisiin vetoamiseen. Tämä on evankelioinnin avainperiaate, joka

## Pelastus ja ilmoitus

meidän täytyy jatkuvasti sisäistää ja jota meidän tulee aina soveltaa.

Ristin sanoma ei koskaan tule olemaan suosittu ihmisten keskuudessa, sillä Jumala on valinnut paljastaa viisautensa ja voimansa inhimillisen typeryyden ja heikkouden kautta. Jae 1. Kor. 1:24 kuitenkin osoittaa, että ristiinnaulittu Kristus on Jumalan viisaus, ja jae 1:30 julistaa, että se on myös meidän viisautemme.

Risti paljastaa Jumalan suuren viisauden, jonka ansiosta hän kykeni pelastamaan syntiset ja täyttämään rakkautensa ja oikeudenmukaisuutensa vaatimukset. Lisäksi, kuten Roomalaiskirjeen jae 1:16 julistaa, risti on myös Jumalan voima kaikkien niiden pelastukseksi, jotka uskovat.

Tämä merkitsee, että kun katsomme tarkasti ristiä, voimme nähdä Jumalan oikeudenmukaisuuden, rakkauden, viisauden ja voiman. On helppoa painottaa yhtä Jumalan luonteen puolta enemmän kuin toista. Saatamme olla niin otettuja Jumalan oikeudenmukaisuudesta siinä, kuinka hän käsitteli syntimme, että sivuutamme rakkauden, joka kantoi tuomion puolestamme. Tai saatamme olla niin innoissamme voimasta, joka pelastaa meidät, että jätämme huomiotta viisauden, joka suunnitteli pelastuksemme.

Kaikissa näissä on kuitenkin kyse Jumalasta henkilökohtaisesti – ei joukosta epämääräisiä ominaisuuksia. Meidän ei tulekaan pyrkiä vertailemaan Jumalan jumalallisen luonnon eri puolia, vaan meidän tulee iloita siitä, että – pelastavassa ristissä – hän on paljastanut pyhän luontonsa sen koko laajuudessa näin selvästi ja täysin.

### Täydellinen inhimillinen hyvyys

Risti ei ollut pelkästään suurin mahdollinen ilmentymä Jumalan kirkkaudesta, se oli myös täydellinen esimerkki inhimillisestä hyvyydestä. Isä lähetti Pojan "täysin Jumalana, täysin ihmisenä" paitsi ilmoittamaan jumalallisen itsensä, myös osoittamaan ihmiskunnalle, mikä on ihanteellinen tapa elää ja kuolla.

*Pelastus armosta*

Jo ennen ajan, tilan ja minkään aineellisen luomista Jeesus oli Jumalan kanssa ja hän oli Jumala. Hän oli kaikkivoipa, kaikkinäkevä, kaikkitietävä, kaikkirakastava ja kaikkialla läsnä oleva. Hän asui ainaisessa kirkkaudessa ja oli täysi kirkastettu. Ja juuri tämä *näkyvä* kirkkaus oli Jeesuksen ensimmäinen uhraus.

Filippiläiskirjeen jakeet 2:5-8 osoittavat, että Isä ei pakottanut Poikaa luovuttamaan *näkyvää* kirkkauttaan, hän luopui siitä vapaaehtoisesti. Jeesuksella oli Jumalan muoto, mutta hän ei "pitänyt kiinni" oikeudestaan olla Jumalan vertainen (tai "tarttunut siihen kiinni" – kreikan kieli on tässä kaksitulkintainen). Sen sijaan hän tyhjensi itsensä karistamalla pois jokaisen ominaisuuden, joka näkyvästi ilmaisi Jumalan luonnon.

Jeesus luopui näkyvästä majesteettisuudestaan ja "pystytti itsensä telttamajaksi" ihmislihaan. Hän luopui kaikkivaltiudestaan, läsnäolostaan kaikkialla ja kaikkitietävyydestään ja "pystytti telttansa" kaikkeen inhimilliseen heikkouteen paitsi syntiin.

Hän astui pois näkyvästä kirkkaudesta, johon hän oli oikeutettu, ja lakkasi näyttämästä Jumalalta. Jeesus ei silti tietenkään lakannut olemasta Jumala, sillä hän ei luopunut jumalallisesta luonnostaan. Sen sijaan hän uhrasi hänelle Jumalana kuuluvan julkisen kohtelun ja kunnian ja otti ihmisorjan muodon ja teki itsestään mitättömän ihmisten silmissä.

**Vapaaehtoinen itsensä kieltäminen**

Tämä itsensä kieltäminen nähtiin siinä, että Jeesus hyväksyi vapaaehtoisesti elämän haavoittuvana sikiönä naisen kohdussa, avuttomana vauvana Betlehemissä, voimattomana pakolaisena Egyptissä, aviottomana lapsena Nasaretissa, vaatimattomana puuseppänä Galileassa, kodittomana kulkijana kaikkialla Israelissa, tuomittuna rikollisena Golgatalla ja niin edelleen.

*Pelastus ja ilmoitus*

Tämä oli itsensä kieltävä, vaatimaton elämäntapa, jonka Jeesus valitsi vapaaehtoisesti, sillä hän uhrasi tarkoituksellisesti näkyvän kirkkautensa tullakseen oletettavasti alimmille inhimillisyyden tasoille. Ja hän kutsuu meitä seuraamaan itseään.

Koska Jeesus oli täysin Jumala, hän olisi voinut järjestellä asiat myös toisin. Hän olisi voinut "pystyttää telttansa" hallitsijan palatsiin, ja hän olisi voinut päättää edelleen säteillä Jumalan näkyvää kirkkautta. Hän olisi jopa voinut nostaa maallisen perheensä varakkaaseen asemaan. Jeesus kuitenkin toimi tarkoituksella itsensä kieltävällä tavalla ja valitsi henkilöidä täydellistä inhimillistä tyytyväisyyttä tuntemattomuuden, voimattomuuden ja näennäisen merkityksettömyyden kautta.

Kun Johannes Kastaja kutsui ihmisiä tekemään parannusta ja ottamaan sen merkiksi kasteen, Jeesus liittyi syntisten muodostamaan jonoon. Hän ei pyytänyt Johannesta astumaan sivuun, jotta hän itse voisi ottaa ohjat käsiinsä. Sen sijaan hän seisoi siellä, missä syntiset seisoivat. Jakeessa Matt. 3:15 kerrotaan, että kun Johannes protestoi, Jeesus piti tiukasti kiinni siitä, että tämä oli oikea tapa toimia.

Vapaaehtoinen itsensä kieltäminen hallitsi Jeesuksen koko inhimillistä elämää ja palvelutyötä. Hän vietti kuusi viikkoa autiomaassa ilman ruokaa ja kesti ennennäkemättömiä kiusauksia. Hän palveli odottamatta kiittelyä tai maallisia palkintoja. Hän uskoi rahansa miehelle, joka käytti niitä omaksi edukseen. Hän tuli spitaalisten luokse ja ystävystyi sosiaalisten hylkiöiden kanssa. Hän pesi jalkoja, ja hänet jatkuvasti ymmärrettiin ja tulkittiin väärin.

Kuten edellä havaittiin, Jeesus oli eittämättä Jesajan kirjan kärsivä palvelija – mutta vain harvat ihmiset ymmärsivät tämän. Pilatus käsitti, että Jeesus oli juutalaisten todellinen kuningas, muutamat opetuslapset arvelivat, että hän oli elävän Jumalan Poika, ja useimmat ihmiset luultavasti pitivät häntä erittäin hyvänä ihmisenä. Jeesus ei kuitenkaan ollut sellainen inhimillinen kuningas tai täydellinen henkilö, jota ihmiset odottivat ja jollaisen he halusivat.

*Pelastus armosta*

Ihmiset kaipasivat sitä ihanteellista ihmistä, josta oli annettu lupaus Danielin kirjan jakeissa 7:13–14 ja jota ihmiset kaikista kansoista palvelisivat. Jeesus oli tuo "Ihmisen Poika", mutta hän oli tullut palvelemaan, ei palveltavaksi; pyytämään meitä palvelemaan toisiamme yhdessä hänen kanssaan pikemmin kuin vain palvelemaan häntä yhdessä toisten kanssa.

Jeesuksen antamalle täydelliselle esimerkille ihmisyydestä (ihanteelliselle tavalle, jolla Jumala haluaa kaikkien ihmisten elävän) on ominaista epäitsekkyys, itsensä antaminen, itsensä uhraaminen ja itsensä kieltäminen. Tämä tulee täytetyksi ja ilmoitetaan kaikista selvimmin ja täydellisimmin juuri ristillä. Tulisikin olla selvää, että Jeesuksen vapaaehtoinen ristin hyväksyminen oli aivan luonnollinen seuraus siitä tavasta, jolla hän ihmisenä eli.

**Vapaaehtoinen itsensä uhraaminen**
Heti kun opetuslapset ymmärsivät, että Jeesus oli *Christos*, "Voideltu" tai Messias, hän selitti heille, mitä se tarkoitti – kohdissa Matt. 16:21; Mark. 8:31–32 ja Luuk. 9:22.

Tämä oli opetuslapsille kauhistus, ja niinpä Pietari pyysi Jeesusta tulemaan sivuun ja esitti tälle vastalauseensa. Pietari ei ymmärtänyt eikä uskonut, että Jumalan ihanteelliseen tapaan saattaisi liittyä kärsimystä, hylkäämistä ja kuolemaa. Jeesus kuitenkin nuhteli Pietaria ja kertoi sitten opetuslapsille kohdissa Matt. 16:24; Mark. 8:34 ja Luuk. 9:23, että jumalallinen itsensä uhraamisen vaatimus koski myös heitä.

Kun Jeesuksen lopullisen uhrin aika oli lähellä, Jeesus opetti opetuslapsilleen vielä selkeämmin inhimillisestä itsensä uhraamisesta. Esimerkiksi:

- ◆ Hän opetti heille inhimillisen suuruuden salaisuuden – Matt. 20:25–27; Mark. 10:41–45 ja Luuk. 22:24–27.

- ◆ Hän osoitti heille, että hänen hallintavaltansa on luonteeltaan vaatimatonta ja rauhaisaa – Matt. 21:1–11; Mark. 11:1–11; Luuk. 19:28–38 ja Joh. 12:12–16.

- ◆ Hän kehui lesken vaatimatonta uhria – Mark. 12:41–44.

*Pelastus ja ilmoitus*

◆ Hän kiitteli Marian tuhlailevaa antamista – Matt. 26:6-13; Mark. 14:3-9 ja Joh. 12:1-16.

◆ Hän paljasti, mikä tekee hänen rakkautensa täydelliseksi, ja ohjeisti opetuslapsiaan seuramaan omaa esimerkkiään – Joh. 13:1-16.

Mikä kaikkein tärkeintä, Jeesus opetti opetuslapsilleen sen ehdottoman tärkeän hengellisen periaatteen, että vapaaehtoinen itsensä uhraaminen on hedelmän kantamisen salaisuus. Tämä on kirjoitettu kaikkialle Jumalan luomakuntaan: ennen kuin yksikään siemen voi moninkertaistua, sen täytyy kuolla ja lakata olemasta. Jos siemen pyrkii säilyttämään oman riippumattoman olemassaolonsa, se jää yksittäiseksi siemeneksi. Jos se kuitenkin kuolee ja katoaa, se tuottaa runsaan sadon.

Jeesus otti tämän periaatteen ja sovelsi sitä itseensä Johanneksen evankeliumin jakeissa 12:23-33. Hänellä ei kuitenkaan ollut ainoastaan itsensä mielessä, vaan jakeissa 25-26 hän selkeästi sanoo saman periaatteen koskevan myös kaikkia niitä, jotka haluavat seurata häntä.

**Mies ristillä**
Jeesuksen ristinkuolema paljasti siis Jumalan luonnon sen koko täyteydessä ja toimi lisäksi täydellisenä esimerkkinä Jumalan ihanteellisesta mallista ihmiskunnalle.

Kärsiessään Jeesus otti aikaa osoittaakseen, millaista on täydellinen inhimillinen käytös. Hän pyysi Jumalaa antamaan anteeksi niille, jotka olivat kiduttaneet häntä, ja hän lohdutti rikollista lupauksella, että tämä olisi hänen kanssaan paratiisissa. Ja kun Jeesus kuoli, hän jätti kaiken taakseen, huolehti siitä, että hänen äidistään pidettäisiin huolta, ja antoi sitten henkensä Jumalan käsiin.

Luukas kääntää lukijoidensa huomion aina Jeesuksen täyteen ihmisyyteen. Hänen selontekonsa ristin tapahtumista on lyhempi kuin muiden, mutta se onnistuu silti välittämään tapahtumaan liittyvän tuskan erittäin voimakkaana. Jakeissa

*Pelastus armosta*

Luuk. 22:42–44 nähdään, kuinka Jeesus joutui kestämään ennennäkemätöntä hengellistä tuskaa painiessaan Jumalan tahdon kanssa: tämä on Uuden testamentin paljonpuhuvin kohta täydellisen Ihmisen Pojan ihmisyydestä.

Kun tarkastellaan eri selontekoja rististä, havaitaan, että Luukas on ainoa, joka mainitsee, että Jeesus kuoli antaen henkensä Isän käsiin ja että Jeesus jatkoi anteeksi antamista aivan loppuun asti.

Luukas jättää muiden evankeliumien kirjoittajien vastuulle paljastaa, että Jeesus antoi henkensä "lunnaiksi monen edestä" ja että hänen kuolemansa on voitto saatanasta. Luukas sitä vastoin keskittyy paljastamaan, että Jeesuksen ristinkuolema on paras mahdollinen esimerkki täydellisestä inhimillisestä hyvyydestä.

Luukkaalle risti on paikka, jossa Messias, "voideltu ihminen", täyttää Jesajan kirjan luvun 53 kohtalonsa hyväksymällä ja kestämällä hylkäämisen, kärsimykset ja kuoleman. Juuri tämä Kristus kutsuu opetuslapsiaan seuraamaan itseään, noudattamaan esimerkkiään, ottamaan ristinsä (joka päivä Luukkaan mukaan) ja elämään ja kuolemaan ihanteellisella tavalla hänen tapaansa.

# Osa 7

## Pelastus ja voitto

Alkuseurakunnan voitonhuudot kaikuvat siellä täällä Uudessa testamentissa. Kohtien Room. 8:37; 1. Kor. 15:57; 2. Kor. 2:14 ja Ilm. 2–3 kaltaiset raamatunpaikat havainnollistavat varhaisten uskovien vakaumusta siitä, että he olivat voitokkaita valloittajia ja menestyksekkäitä ja kunniakkaita voittajia.

He tiesivät kuitenkin, että heidän voittonsa oli täysin voitokkaan Jeesuksen ansiota. Kohdat Kol. 2:15 sekä Ilm. 3:21, 5:5 ja 12:11 osoittavat, että juuri Kristus oli se, joka voitti – ja että hän sai voittonsa ristillä.

Ajatus "voitosta ristillä ja ristin kautta" saattaa olla meille niin tuttu, että unohdamme, kuinka järjenvastaiselta se vaikuttaa niistä, joilla ei vielä ole kristillistä uskoa. Kuinka ristiinnaulittu Kristus voi olla voittaja? Kuinka uhri voi olla voittaja? Kuinka tuomittua rikollista, joka joutui omien opetuslastensa torjumaksi, kavaltamaksi, kieltämäksi ja hylkäämäksi, voidaan pitää voitokkaana?

Useimmista ihmisistä on enemmän järkeenkäypää kuvata ristiä kuoleman ja kukistumisen paikkana, mutta kristityt väittävät, että lopullinen totuus on päinvastainen tämän inhimillisen näkemyksen kanssa. Saattaa näyttää siltä, että ristillä paha voitti hyvyyden, mutta Raamattu julistaa, että se oli paikka, jossa hyvyys kukisti pahan. Saattaa myös näyttää siltä, että ristillä maalliset voimat kukistivat Kristuksen, mutta Raamatussa väitetään tiukasti, että se oli paikka, jossa naisen kohdun siemen viimeinkin murskasi käärmeen pään.

Kuten edellä havaittiin, Kristuksen arvoituksellinen voitto ei ole koko totuus pelastuksesta – mutta se on silti tärkeä osa sitä. Risti on ilmoituksen, toisintamisen ja voiton paikka, eikä meidän ymmärryksemme pelastuksesta ole täydellinen, jos

*Pelastus armosta*

sivuutamme minkä tahansa näistä Kristuksen aikaansaamista seikoista. Kaikki nämä seikat kumpuavat hyvin todellisella tavalla sovituksesta, joka on ristin keskeinen totuus.

Mikä vielä tärkeämpää, se miten henkilökohtaisesti koemme pelastuksen, on hyvin paljon köyhempää, jos jätämme huomiotta minkä tahansa Golgataan liittyvän ominaispiirteen. Meidän ei tule ainoastaan ymmärtää pelastuksen eri puolia ja olla niistä kiitollinen, vaan meidän tulee myös ottaa ne omaksemme uskossa ja astua täysin sisään niihin.

### Asteittain etenevä voitto

Vaikka Raamattu julistaakin, että Jeesus voitti paholaisen *lopullisesti* ja riisui tämän täysin aseista ristillä, Raamatussa annetaan myös asteittain etenevä kuva voitosta, joka johtaa ratkaisevaan hetkeen ristillä ja voiton lopulliseen täydelliseksi tulemiseen.

### Ennalta annettuja ilmoituksia voitosta

Jaetta 1. Moos. 3:15 pidetään usein ensimmäisenä viittauksena evankeliumiin, ensimmäisenä esikuvana rististä, ja se viittaa nimenomaan pelastuksen "voitto"-puoleen.

Tämä ensimmäinen ennalta annettu ilmoitus voitosta nimesi naisen siemenen tai jälkeläisen henkilöksi, joka olisi täysin voitokas. Profeetoille paljastettiin myöhemmin, että tämä "siemen" olisi *Messias, Christos* tai "voideltu ihminen", joka perustaa Jumalan vanhurskaan hallintavallan ja hävittää pahan.

Kun luodaan yleiskatsaus Vanhaan testamenttiin ja tulkitaan jokaista kohtaa ristin valossa, voidaan havaita, että myös jakeiden 1. Aik. 29:11 kaltaiset kohdat (jotka julistavat Jumalan *senhetkistä* hallintavaltaa) ja Jes. 9:6–7 kaltaiset kohdat (jotka ilmoittavat hänen *tulevan* hallintavaltansa Messiaassa) ovat epäsuoria ennustuksia Siemenen lopullisesta voitosta käärmeestä.

*Pelastus ja voitto*

**Esimakua voitosta**
Kirjassa *Jumalan hallintavalta* havaittiin, että vanhurskas valtakunta saapui Jeesuksessa ja Jeesuksen myötä. Kristus saavutti lopullisen voittonsa saatanasta ristinkuolemassaan, ja aiemmat kierrokset hän voitti sillä, että hän oli koko maallisen elämänsä ajan täydellisen alistunut Jumalalle, ja sillä, että hän teki suuria tekoja, jotka olivat osoitus hänen ainutlaatuisesta voitelustaan ja arvovallastaan.

Heti kun Jeesus syntyi, saatana tunnisti hänet tulevaksi voittajakseen ja aloitti yritykset hänen kukistamisekseen. Hän esimerkiksi hyökkäsi Jeesusta vastaan:

- Herodeksen määräämällä Betlehemin lastensurmalla – Matt. 2:1–18

- autiomaan kiusauksilla, joiden oli tarkoitus estää ristin tapahtumat – Matt. 4:1–11

- Nasaretin seurakunnan pyrkimyksillä riistää Jeesuksen henki – Luuk. 4:28–29

- väkijoukon toiveella tehdä Jeesuksesta poliittinen hallitsija – Joh. 6:15

- Pietarin vastalauseella koskien ristin työtä – Matt. 16:21–23

- Juudaksen kavalluksella – Luuk. 22:1–6 ja Joh. 13:27.

Jeesus oli kuitenkin määrätietoisesti päättänyt täyttää sen, mikä oli jo ennalta ilmoitettu. Hän julisti, että Jumalan valtakunta oli tullut hänessä ja hänen kauttaan ja että hänen mahtavat tekonsa olivat näkyvä todiste sen tulemisesta.

Evankeliumeissa nähdään Jumalan valtakunnan eteenpäin meneminen ja saatanan valtakunnan perääntyminen siinä, kun riivaajia ajettiin ulos, sairauksia parannettiin ja luonto saatiin rauhoittumaan – esimerkiksi jakeissa Matt. 4:23 sekä Mark. 1:24 ja 4:39.

Luukkaan evankeliumin jakeissa 9:1–6 ja 10:1–24 kerrotaan, kuinka Jeesus lähetti matkaan kaksitoista apostolia ja 70

*Pelastus armosta*

opetuslasta julistamaan valtakunnan tulemista saarnaamalla ja parantamalla sairaita hänen edustajinaan. Kun opetuslapset palasivat, Jeesus kertoi heille nähneensä saatanan sinkoutuneen taivaasta heidän toimintansa seurauksena.

Kohdat Mark. 3:27 ja Luuk. 11:21–22 vaikuttavat kiteyttävän sen, miten Jeesus ymmärsi ristiä edeltävät taistelunsa saatanan kanssa. Vaikka paholainen toki oli väkevä mies, vielä väkevämpi mies oli nyt tullut – ja hän tulisi sitomaan vahvan miehen, voittamaan tämän ja ryöstämään tämän talon tyhjäksi.

Tämä sitominen ja voittaminen ei kuitenkaan täysin tapahtunut vasta kuin ristillä. Kohdissa Joh. 12:31, 14:30 ja 16:11 Jeesus kertoi ennalta paholaisen viimeisestä hyökkäyksestä ristillä ja lupasi, että paholainen ajettaisiin pois ja tuomittaisiin. Lisäksi Heprealaiskirjeen jakeissa 2:14–15 todetaan, että juuri *kuolemallaan* Jeesus kukisti paholaisen ja vapautti tämän vangit.

**Voiton hetki**
Jakeet Kol. 2:13–15 ovat selkein Uuden testamentin toteamus Kristuksen ristillä saamasta voitosta. Tässä tärkeässä kohdassa apostoli Paavali nivoo yhteen kaksi pelastuksen puolta.

Ensinnäkin hän havainnollistaa Jumalan armollista anteeksiannon tekoa ristillä vertaamalla sitä tapaan, jolla velat mitätöitiin. Paavali osoittaa, että Jumala on vapauttanut meidät moraalisesta ja hengellisestä vararikostamme maksamalla velkamme ristillä. Ja mikä vielä ihmeellisempää, Jumala on myös tuhonnut kaikki tiedot näistä veloistamme.

Seuraavaksi Paavali kertoo Jumalan voimallisesta voiton teosta ristillä ja osoittaa, että ristillä Jumala oli riisunut aseista vastustajansa ja saanut heidät näyttämään voimattomilta, kukistetuilta vihollisilta. *Apekdusis* tai "hallinnanriisto" viholliselta oli muinaisessa armeijaelämässä esiintynyt tapa, jossa voittaneen armeijan komentaja otti hävinneeltä komentavalta upseerilta kaikki tämän aseet ja arvomerkit. Tämä oli merkki täydellisestä voitosta vihollisesta ja vihollisen ehdottomasta antautumisesta.

## Pelastus ja voitto

Meidän on syytä huomioida, että Paavali käyttää hyvinkin räikeitä fyysisen maailman kuvia puhuessaan näkymättömästä hengellisestä todellisuudesta. Aivan kuten Jumala ei kirjaimellisesti naulinnut luetteloa veloistamme ristiin, samoin Jeesus ei kirjaimellisesti asettanut kukistettuja riivaajia näytille Jerusalemissa. Nämä hengelliset tapahtumat olivat tästä huolimatta todellisia, näkymättömässä todellisuudessa oikeasti tapahtuneita tapahtumia.

Paavalin kuvakielen taustalla oleva syvällinen totuus on, että anteeksianto ja voitto molemmat tapahtuivat samanaikaisesti ja että ne ovat aina erottamattomasti yhteydessä toisiinsa. Voidaankin itse asiassa *lähestulkoon* sanoa, että Kristus voitti pahan maksamalla velkamme; että vapauttamalla meidät synneistämme hän vapautti meidät synnistä.

Kirjassa *Pojan tunteminen* havaitaan, että täydellinen antautuminen on Jeesuksen lapseuden ytimessä. Aivan kuten Jeesus voitti paholaisen palvelutyönsä aikana vastustamalla kaikkia tämän kiusauksia ja alistumalla täydellisesti Isälle ja olemalla tälle täydellisen kuuliainen, samoin hän voitti paholaisen ristillä sen täydellisen kuuliaisuuden ansiosta, josta kerrotaan jakeissa Room. 5:19 ja Fil. 2:8.

Pojan täydellinen alistuminen Isän tahtoon oli ehdottoman välttämätöntä pelastuksen kannalta. Jos Jeesus olisi hetkeksikään lakannut olemasta kuuliainen, jos hän olisi astunut millinkään verran sivuun Jumalan tieltä, paholainen olisi saanut jalansijan ja tehnyt pelastuksen tyhjäksi. Jeesus oli kuitenkin täysin kuuliainen Isälle – ja niin paholainen joutui lähtemään.

Ristillä paholainen provosoi Jeesusta kiduttamisen, epäoikeudenmukaisuuden, valheiden ja loukkausten avulla, mutta Jeesus kieltäytyi vastaamasta samalla mitalla. Hän olisi voinut kutsua enkeleiden armeijan auttamaan itseään, tai hän olisi voinut astua alas ristiltä. Hän ei kuitenkaan voittanut pahaa voimalla – hän voitti sen hyvällä, niin kuin jae Room. 12:21 selvittää.

*Pelastus armosta*

Paholainen käytti kaikkia käytössään olevia aseita houkutellakseen Jeesuksen olemaan tottelematta Jumalaa, vihaamaan vihollisiaan ja jäljittelemään sitä, miten maailma käyttää valtaa ja voimaa. Mutta kuuliaisuudellaan, itsensä kieltämisellään, rakkaudellaan ja nöyryydellään Jeesus voitti ratkaisevan moraalisen voiton pahasta. Taistelun kiivaimmassakaan vaiheessa paha ei onnistunut vaikuttamaan häneen millään tavalla.

Kaikesta siitä huolimatta, mitä paholainen teki ristillä, hän ei onnistunut vaikuttamaan Jeesukseen. Kun Jeesus kuoli synnittömänä, paholaisen täytyi tunnustaa tappionsa. Paholainen todella yritti kukistaa Jeesuksen ristin tapahtumilla, mutta hän epäonnistui, ja kävikin niin, että Jeesus voitti hänet. Kauan aiemmin ennustettu Siemenen saama voitto, joka alkoi Kristuksen elämästä ja palvelutyöstä maan päällä, toteutui siis ratkaisevasti ja lopullisesti Kristuksen ristinkuolemassa.

**Voiton vahvistus**
Jotkut uskovat tuntuvat ajattelevan, että risti oli hetkellinen tappio ja että ylösnousemus oli todellinen voiton hetki. Voitto tapahtui kuitenkin nimenomaan ristillä, ja ylösnousemus oli vain tuon ristillä saadun voiton näkyvä todiste ja julkinen oikeaksi todentaminen. Tämä havaitaan esimerkiksi kohdista Ap. t. 2.24; Ef. 1:20–23 ja 1. Piet. 3:22.

On tietenkin myös totta, että Uusi testamentti liittää aina ristin ja tyhjän haudan yhteen – kuten kohdissa Mark. 8:31, 9:31, 10:34; Luuk. 24:30–35; Joh. 10:17–18; Ap. t. 2:23–24; Room. 6:1–4; 1. Kor. 15:1–8; 2. Kor. 5:15; 1. Tess. 4:14 ja Ilm. 1:18. Meidän ei siis tule julistaa ristiä ilman ylösnousemusta eikä ylösnousemusta ilman ristiä, sillä Jeesus on sekä *elävä Herra* että *sovituksen tuova Pelastaja*.

Tästä kiinteästä yhteydestä huolimatta pelastus voidaan ymmärtää oikein vain, jos ymmärretään, millainen Kristuksen voitokkaan kuoleman ja hänen vahvistavan ylösnousemuksensa välinen suhde todellisuudessa on.

*Pelastus ja voitto*

Läpi tämän kirjan on havaittu, että veri, ristinkuolema, on pelastanut meidät. Juuri ristillä vuodatettu veri sai aikaan pelastuksemme, paljasti Jumalan luonnon ja saavutti lopullisen voiton pahasta. Juuri veri sai aikaan lunastuksemme ja sovituksemme. Juuri veri täytti ihmisten tarpeiden ja Jumalan luonnon vaatimukset. Ja niin edelleen.

Uudessa testamentissa todetaan toistuvasti, että "Kristus kuoli syntiemme tähden" – ei koskaan, että "hän nousi ylös syntiemme tähden". Heprealaiskirjeen jae 2:14 tekee tämän selväksi. Pelastustamme ei saavutettu ylösnousemuksella, vaan ylösnousemus oli suurin mahdollinen todiste pelastuksestamme. Aivan kuten ihmiseksitulo oli pelastuksen välttämätön vaatimus, samoin ylösnousemus oli pelastuksen välttämätön vahvistus. Ylösnousemus todisti Jeesuksen aitouden ja julisti, että hän todella oli Jumalan Poika. Lisäksi se paljasti, että pelastus oli voitettu tällä sijaiskuolemalla. Se oli Jumalan tapa ilmoittaa julkisesti Jeesuksen ristillä saama voitto.

Emme saa silti koskaan unohtaa, että pelastuksemme sai aikaan juuri risti, ei ylösnousemus. Ja juuri tästä syystä kristillisen uskon symbolina on aina ollut risti – ei tyhjä hauta tai taivaasta laskeutuva kyyhkynen.

**Voiton soveltaminen omaan elämään**

Kirjassa *Jumalan hallintavalta* havaitaan, että Jumalan valtakunta on sekä "nyt" että "ei vielä". Vaikka paholainen voitettiinkin ristillä lopullisesti, hän ei ole vielä tunnustanut täyttä tappiotaan. Vaikka hänet suistiin vallasta, häntä ei ole hävitetty. Hän yhä edelleen vastustaa, saattaa kiusaukseen ja pettää kaikkia Kristuksen opetuslapsia sekä hyökkää heitä kaikkia vastaan.

Valtakunnan "nyt" ja "ei vielä"-paradoksi merkitsee, että Uusi testamentti lupaa meidän istuvan ja hallitsevan Kristuksen kanssa kaikki pahan voimat Kristuksen jalkojen ja meidän jalkojemme alla *ja* varoittaa, ettemme voi seistä vastatusten Jumalaa vastustavien hengellisten voimien kanssa ilman

## Pelastus armosta

Herran voimaa ja taisteluvarustusta. Uudessa testamentissa luvataan, että Kristus varjelee meitä eikä paha saa meistä otetta, *ja* siinä varoitetaan meitä tarkkaamasta tuota samaa pahaa, joka kulkee ympäriinsä valmiina nielemään meidät. Tämä paradoksi havaitaan kohdista Ef. 1:20–23, 6:10–17; 1. Joh. 5:18 ja 1. Piet. 5:8.

"Nyt" ja "ei vielä" -paradoksi merkitsee, että valtakunta on tullut mutta että se ei ole vielä tullut valmiiksi. Että ratkaiseva taistelu on voitettu, mutta vihollinen ei ole antautunut. Että vahva mies on sidottu, mutta hänen taloaan ei vielä ole täysin ryöstetty eikä kaikkia hänen vankejaan ole vapautettu. Että Goljat on surmattu ja Daavid on palannut Jerusalemiin voittajana, mutta israelilaisten jalkaväensotilaiden täytyy vielä tehdä selvää lannistuneesta filistealaisten sotajoukosta.

Jotkut kristityt keskittyvät liikaa uskon "nyt"-puoleen, kun taas toiset ovat liian keskittyneitä kaikkiin "ei vielä" -puoliin. Meidät on kuitenkin kutsuttu iloitsemaan ratkaisevasta käännekohdasta – ja elämään sen mahdollistamassa hyvässä ja soveltamaan sitä omaan elämäämme – ja samalla pitämään aina mielessämme, että valtakunnan voitto tulee täydelliseksi vasta viimeisenä päivänä.

Kristuksen sovituskuolema takaa meille ehdoitta kaikki pelastuksen puolet ikuisesti, mutta emme vielä saa nauttia kaikista pelastuksen tuomista eduista täysin ja täydellisesti. Roomalaiskirjeen luku 8 tekee selväksi, että meidät on pelastettu toivossa (vrt. v. 1938 käännös), mutta että toivo, joka voidaan nähdä, ei ole toivoa. Tämä merkitsee, että pelastuksessamme ja kristillisessä kokemuksessamme täytyy yksinkertaisesti aina olla jokin osa, jota ei voida nähdä tai kokea – että täytyy aina olla jotakin Jumalalle täytettäväksi viimeisenä päivänä. Roomalaiskirjeen luvussa 8 Paavali kehottaa meitä toivomaan sellaista, mitä emme näe, ja odottamaan sitä innokkaasti ja sinnikkäästi.

"Nyt" ja "ei vielä" -paradoksilla on ilmeisiä seurauksia pelastuksen jokaiseen puoleen, mutta meidän täytyy olla tarkkoina, ettemme jaottele "nyt"- ja "ei vielä" -puolia erillisiksi

## Pelastus ja voitto

asioiksi. Saamme nauttia kaikista pelastuksen tuomista eduista jo "nyt", mutta se on vasta esimakua siitä, mistä saamme nauttia täysin ja täydellisesti viimeisenä päivänä.

Kristuksen voiton tähden saamme esimerkiksi jo nyt kokea parantumista merkittävällä tavalla. Se ei kuitenkaan vielä ole täydellistä – sillä kaikki eivät parane kaikesta ja jokainen, joka parantuu, lopulta kuolee. Jokainen yksittäinen parantuminen on kuitenkin sekä tarkkaa esimakua että profeetallinen esikuva täydellisestä ja kokonaisvaltaisesta parantumisesta ylösnousemuksessa.

Pitkälti sama pätee myös pyhitykseen ja voittoon. Saamme jo nyt kokea niitä merkittävällä tavalla, mutta huolimatta siitä, kuinka lähellä Jumalaa elämme, emme voi saavuttaa ehdotonta täydellisyyttä tai jatkuvaa voittoa tässä elämässä – sillä vaikka paholainen on riisuttu aseista ja voitettu, häntä ei ole hävitetty. Jatkuvasti enenevä pyhityksemme on sen sijaan ihmeellistä esimakua varmasta ikuisesta täydellisyydestämme, ja jokainen voitonkokemuksemme on profeetallinen viittaus viimeisen päivän täydelliseen voittoon.

Sen lisäksi, että meidän täytyy soveltaa Kristuksen voittoa omaan elämäämme selviämällä voitokkaina paholaisen hyökkäyksistä, meidän on tietenkin myös tarkoitettu soveltavan hänen voittoaan vapauttamalla paholaisen vangitsemia ihmisiä. Kuten kirjassa *Kadotettujen tavoittaminen* havaitaan, seurakunnalle on annettu tehtäväksi levittää Hengen voimassa Jumalan voitokasta hallintavaltaa aina vain laajemmalle. Teemme tätä julistamalla sanoin hyvää sanomaa Jeesuksesta Kristuksesta sekä osoittamalla sen todeksi teoin ja tuomalla sen lihaksi.

Kun julistamme, elämme ja osoitamme todeksi evankeliumia, kutsumme ihmisiä kääntymään saatanasta Jumalan puoleen, pimeydestä valoon, epäjumalista todellisen ja elävän Jumalan puoleen. Tämä havaitaan esimerkiksi kohdissa Ap. t. 26:18; 1. Tess. 1:9 ja Kol. 1:13.

Tämä osoittaa, että jokaiseen kääntymykseen kuuluu aina voimien kohtaaminen, kun paholainen on pakotettu

*Pelastus armosta*

irrottamaan otteensa ihmisen elämästä ja siten tunnustamaan Kristuksen suurempi voima ja voitto.

### Voiton täydelliseksi tuleminen

Samalla kun elämme ja kamppailemme valtakunnan "nyt" ja "ei vielä" -paradoksin kanssa, meidän tulee aina muistaa, että Kristuksen voitto tulee täydelliseksi ja täyttyy hänen paluunsa yhteydessä.

Psalmi 110 on se Vanhan testamentin profetia, johon Jeesus kaikkein useimmin Uuden testamentin mainintojen mukaan viittasi.

Herra Jumala käski Jeesusta istumaan oikealle puolelleen, ja hän on istunut siellä hallitsemassa taivaan valtaistuimella taivaaseenastumisestaan lähtien. Jeesus kuitenkin edelleen odottaa, että Jumala laittaa vihollisen voimat korokkeeksi hänen jalkojensa alle.

Me olemme niitä jakeen Ps. 110:3 vapaaehtoisia, jotka Herran voiman päivänä ojentavat hänen hallitsijan sauvansa kansojen ylle hänen vihollistensa keskellä. Samalla odotamme kuitenkin edelleen jakeiden Ps. 110:5–7 vihan ja tuomion päivää.

Tuona suurena ja kammottavana päivänä jokainen polvi notkistuu Jeesuksen edessä, jokainen kieli tunnustaa hänet Herraksi ja jotain sellaista kauheaa tapahtuu paholaiselle ja hänen voimilleen, mistä Raamattu sanoo, että heidät heitetään tuliseen järveen.

Tuona voiton täyttymisen päivänä kaikki paha hävitetään, kaikelle kuolemalle laitetaan loppu ja Poika antaa valtakunnan takaisin Isälle. "Ei vielä" on viimein "nyt" – ikuisesti. Tämä viimeinen vaihe on Jeesuksen elämän ja palvelutyön mahtavin hetki. Siitä voidaan lukea kohdista 1. Kor. 15:24–28; Fil. 2:9–11 sekä Ilm. 20:10 ja 14.

### Voitossa eläminen

Kreikan kielen sana *katargeo* on usein käännetty sanalla "kukistaa" (etenkin v. 1938 käännöksessä, suom. huom.), ja

## Pelastus ja voitto

sitä käytetään kohdissa Hepr. 2:14; Room. 6:6 ja 2. Tim. 1:10 viittaamaan paholaiseen, lihaan ja kuolemaan.

Kirjassa *Kadotettujen tavoittaminen* havaitaan, että verbi *apollumi*, "kadottaa" tai "joutua kadotukseen" viittaa pikemminkin "hyvinvoinnin menettämiseen" kuin "olemassaolon menettämiseen" – (taloudelliseen) tuhoon pikemmin kuin kuolemaan. Täysin sama koskee myös sanaa *katargeo*.

*Katargeo* merkitsee "tehdä hyödyttömäksi" tai "hedelmättömäksi" tai "tehdä toimintakyvyttömäksi", ja sitä käytettiin ensimmäisen vuosisadan Kreikassa hedelmättömästä maasta ja hedelmäpuista, jotka eivät tuottaneet hedelmää. Ne olivat edelleen olemassa, niitä ei oltu tuhottu, mutta ne oli niitetty tai kaadettu, eivätkä ne enää tuottaneet satoa.

Kun siis Uudessa testamentissa käytetään sanaa *katargeo* paholaisen, lihan ja kuoleman yhteydessä, siinä ei sanota, että ne "hävitettiin" ristillä täysin. Paholainen edelleen toimii, liha pyrkii edelleen nostamaan päätään elämissämme ja kuolemaa esiintyy edelleen. Ne ovat yhä olemassa, mutta ne kaadettiin ja murrettiin ristillä.

Kristuksen lopullinen voitto ei siis hävittänyt paholaista, lihaa ja kuolemaa. Se vain teki niistä tehottomia – se vei niiden voiman.

Voitossa eläminen merkitseekin siis elämistä sen tiedon kanssa, että saatana on edelleen olemassa mutta että hänen voimansa on perinpohjaisesti murrettu. Että liha edelleen vihjailee meille monenlaisia asioita mutta että nämä ovat pohjimmiltaan tyhjiä uhkauksia. Että kuolema yhä nostaa rumaa päätään mutta ettei enää ole mitään pelättävää.

Jae 1. Joh. 3:8 osoittaa, että Isä lähetti Pojan haastamaan ja kukistamaan paholaisen ja tekemään tyhjäksi vahingot, jotka tämä oli suoraan aiheuttanut tai epäsuorasti saanut aikaan. Uudessa testamentissa viitataan moniin eri Kristuksen pelastavan voiton puoliin, mutta erityisesti siinä painotetaan voitokasta vapauttamme laista, lihasta, maailmasta ja kuolemasta.

*Pelastus armosta*

## Vapaus laista

Kohdissa Room. 6:14, 10:4; Gal. 3:13 ja 23 sekä 5:18 apostoli Paavali opettaa, että Kristuksen voitto ristillä vapautti meidät lain kahleista.

Laki tuomitsi tottelemattomuutemme ja toi meidät näin lain "kirouksen" tai tuomion alaisiksi. Kristuksen kuolema kuitenkin vapautti meidät lain kirouksesta, sillä hän tuli itse kiroukseksi meidän sijastamme. Kuten kirjassa *Jumalan hallintavalta* havaitaan, tämä tarkoittaa, että Kristus oli lain täydelliseksi tekijä tai täyttymys eikä laki nyt enää orjuuta meitä tuomitsemisellaan.

Roomalaiskirjeen jakeissa 8:1–4 selvitetään, ettei meitä tuomita, kun olemme Kristuksessa, sillä Jumala on Kristuksessa tuominnut syntimme. Nämä jakeet osoittavat, että Jumala teki tämän, *jotta* lain vaatima vanhurskaus voisi täysin täyttyä meissä. Lisäksi kyseisissä jakeissa tuodaan ilmi, että risti vapautti meidät lain tuomiosta, niin että olisimme vapaita olemaan kuuliaisia ja vaeltamaan Pyhän Hengen mukaan (vrt. v. 1938 käännös).

Kristuksen voitto laista ja vapaus laista, jonka me sen seurauksena saimme, näkyy siis siinä, että vaellamme Hengessä ja Hengen kanssa. Yksinkertaisesti sanottuna: kun elämme Hengessä, elämme jatkuvasti todeksi Kristuksen voittoa.

## Vapaus lihasta

Kirjassa *Kadotettujen tavoittaminen* havaittiin, että "liha", *sarx*, edustaa ihmisiä sellaisina, kuin he maallisessa alkuperässään, luonnollisissa heikkouksissaan ja erossa Jumalasta ovat. Lisäksi "liha" on usein juuri se, joka saa aikaan synnin tekemisen. Katso esimerkiksi Gal. 5:16–19.

Ihmisten "lihan" perusominaisuus on itsekeskeisyys, ja jakeissa Gal. 5:16–21 luetellaan joitakin lihan luonnollisen halun seurauksia. Jeesus puhui tuomastaan vapaudesta jakeissa Joh. 8:34–36, ja jae Room. 6:6 osoittaa, että risti tuo vapauden langenneesta ja itsekkäästä lihan luonnosta.

*Pelastus ja voitto*

On tärkeää huomioida, että kun jakeissa Gal. 5:16-25 kerrotaan vapaudesta lihasta, siihen liitetään Hengessä vaeltaminen. Jälleen kerran siis se, miten elämme jatkuvasti Kristuksen voittoa todeksi, näkyy siinä, että vaellamme Hengessä ja Hengen kanssa. Kumppanuutemme Hengen kanssa on voiton todeksi elämistä.

**Vapaus maailmasta**
Voitaisiin sanoa, että "liha" on sisäinen kohtamme, josta paholaisella on ote, ja että "maailma" on se, millä hän painostaa meitä ulkoapäin. Tässä asiayhteydessä "maailmalla" tarkoitetaan jumalatonta yhteiskuntaa, joka on vihamielinen seurakuntaa kohtaan ja joka jatkuvasti pyrkii saattamaan huonoon valoon seurakunnan pyhiä arvoja.

Kohdat 1. Joh. 2:15-16; Joh. 16:33 ja 1. Joh. 5:4-5 havainnollistavat, kuinka mahdotonta on samanaikaisesti rakastaa sekä maailmaa että Isää. Kyseiset kohdat osoittavat, että maailmalle ominaista ovat itsekkäät halut, pinnallinen tuomitseminen ja syntinen materialismi, että Jeesus voitti maailman ja että – hänen kauttaan – mekin voimme olla voittajia.

Kun Jeesus sanoi voittaneensa maailman, hän tarkoitti, että hän oli torjunut sen vääristyneet arvot ja säilyttänyt jumalallisen näkökannan ihmisiin ja kaikkeen aineelliseen. Kun uskomme Jeesukseen, olemme osallisia hänen voittoonsa maailmasta sillä, että omistamme hänen ikuiset arvonsa. Kohdat Room. 12:1-2 ja Gal. 6:14 osoittavat lisäksi, että eläminen Kristuksen voitossa maailmasta merkitsee sitä, ettemme mukaudu maailman arvoihin ja että muutumme jatkuvasti sen myötä, kun uudistunut mielemme ymmärtää paremmin ja paremmin Jumalan tahtoa.

Mikään ei paljasta Jumalan luontoa selvemmin kuin risti. Juuri ristin kautta maailma on meille ristiinnaulittu ja me maailmalle. Näin meidät on vapautettu maailman kahleista elämään Jumalan tahdon ja arvojen vapaudessa.

*Pelastus armosta*

### Vapaus kuolemasta

Heprealaiskirjeen jakeet 2:14–15 opettavat, että Jeesus on vapauttanut meidät kuoleman pelosta, koska hän on kuolemallaan "kukistanut" (tai tarkemmin ottaen "tehnyt tehottomaksi") hänet, jolla oli kuolema vallassaan (vrt. v. 1938 käännös).

Koska synti on kuoleman "pistin", se ensisijainen syy, miksi kuolema on niin kivuliasta ja epämiellyttävää, Jeesus käsitteli kuoleman käsittelemällä synnin. Juuri synti oli alun perinkin aiheuttanut kuoleman, ja juuri synti aiheuttaa edelleen sen, että ihmiskunnan täytyy kohdata jumalallinen tuomio kuoleman jälkeen. Tämä syntinen juuri on myös ihmisten yleismaailmallisen kuolemanpelon perimmäinen syy.

Kristus on kuitenkin kuollut syntiemme tähden ja vienyt ne pois. Hänen voittonsa synnistä merkitsee, että meidät on vapautettu synnin ja tuomion pelosta ja näiden myötä myös kuolemanpelosta.

Jakeissa 1. Kor. 15:54–57 apostoli Paavali vertaa kuolemaa sekä skorpioniin, joka on ottanut piikkinsä esiin, että sotilaalliseen valloittajaan, jonka voima on murrettu. Nyt kun olemme saaneet anteeksiannon ristinkuoleman kautta, kuolema ei voi enää vahingoittaa meitä: Herramme Jeesuksen Kristuksen kautta Jumala on antanut meille voiton kuolemanpelosta.

Kuolemakin on paholaisen tavoin tietenkin edelleen olemassa. Se on neutralisoitu, mutta ei hävitetty. Se on edelleen olemassa, mutta se on menettänyt voimansa vahingoittaa meitä ja saada meissä aikaan pelkoa. Jakeista Joh. 11:25–26 löytyy Jeesuksen mahtava kuolemaa koskeva lupaus opetuslapsilleen. Tämä lupaus ei tarkoita, että vältämme fyysisen kuoleman, vaan yksinkertaisesti sitä, että kuolema on meille siirtymistä maanpällisestä elämästä elämän täyteyteen.

*Pelastus ja voitto*

## Voitokas Kristus

Kristuksen voitto julistetaan Ilmestyskirjassa kovempaa ja selvemmin kuin missään muualla Raamatussa. Kreikan kielen voittoa tarkoittavat sanat (*nike, nikos* ja *nikao*, "voitto" ja "valloittaa" tai "voittaa") esiintyvät Uudessa testamentissa 29 kertaa, ja näistä 13 on Ilmestyskirjassa. Nämä sanat löytyvät esimerkiksi kohdista Matt. 12:20; Joh. 16:33; Room. 12:21; 1. Kor. 15:54–57; 1. Joh. 2:13–14, 4:4, 5:4–5; Ilm. 2:7, 11, 17 ja 26, 3:5, 12 ja 21, 6:2, 11:7, 12:11, 15:2, 17:14 sekä 21:7.

Ilmestyskirja kirjoitettiin oletettavasti ensimmäisen vuosisadan kahden viimeisen vuosikymmenen aikana, Dominiatuksen hallituskaudella, jolloin Rooman viranomaiset vastustivat ja vainosivat alkuseurakuntaa järjestelmällisesti – pääosin siksi, koska seurakunta kieltäytyi palvomasta keisaria.

Ilmestyskirjassa Henki raottaa apostoli Johanneksen kautta verhoa, joka kätkee taakseen hengellisen todellisuuden näkymättömän maailman, ja antaa meidän nähdä, mitä maallisten tapahtumien taustalla tapahtuu.

Ilmestyskirja paljastaa erittäin kuvailevalla ja usein myös vertauskuvallisella kielellä, että seurakunnan ja maailman väliset ristiriidat ovat vain näkyvä ilmentymä näkymättömästä taistelusta Kristuksen ja saatanan välillä, Karitsan ja lohikäärmeen, Siemenen ja käärmeen ja niin edelleen.

Tätä ristiriitaa kuvataan Ilmestyskirjassa sarjalla dramaattisia ilmestyksiä, joiden kristityt ovat tulkinneet kertovan:

- vain Johanneksen ajasta
- koko seurakunnan historiasta
- vain niistä viimeisistä vuosista, jotka edeltävät Kristuksen paluuta.

Lisäksi jotkut ihmiset tulkitsevat Ilmestyskirjan dramaattiset ilmestykset niin, että ne tapahtuvat todellisuudessakin samassa järjestyksessä kuin missä ne on esitetty. Toiset taas ajattelevat niiden olevan toisiaan täydentäviä ilmestyksiä, jotka esittävät samat tapahtumat eri näkökulmista.

*Pelastus armosta*

Miten sitten Ilmestyskirjaa tulkitaankaan, on silti syytä tunnistaa sen opettavan, että:

- ◆ näkymätön hengellinen taistelu heijastuu aina näkyvään fyysiseen maailmaan
- ◆ Kristus on voitokas taistelun kaikissa puolissa
- ◆ ja tämän vuoksi myös meidän tulisi olla voitokkaita.

Lähes jokaisessa Ilmestyskirjan viittauksessa Kristukseen hänet esitetään voitokkaana. Esimerkiksi:

- ◆ Kirja alkaa viittauksilla hänen voittoonsa kohdissa 1:5 ja 1:17–18.

- ◆ Kaikki seitsemän kirjettä Kristuksen seurakunnille maan päällä (2:1–3:22) päättyvät erityisellä lupauksella niille, jotka voittavat.

- ◆ Jakeet 4:1–7:17 keskittyvät Kristukseen taivaan valtaistuimella: hän on leijona ja Karitsa, joka hallitsee ja saa voiton, koska hän on uhrannut itsensä – tämä on erityisen selvää jakeissa 5:5 ja 5:9.

- ◆ Jakeissa 8:1–11:19 kuvattujen tapahtumien huipentumien (sota, nälänhätä, rutto, marttyyrius, maanjäristykset ja ympäristökatastrofit) kaikkien nähdään olevan Karitsan täydessä hallinnassa – Karitsan, joka jo hallitsee ja jonka täydellinen valtakunta tulee pian valmiiksi.

Luku 12 vaikuttaa olevan Ilmestyskirjan käännekohta, ja vaikuttaa siltä, että siinä tarkastellaan Siemenen ja käärmeen välistä taistelua. Jakeessa 9 kuvatun voiton täytyy olla risti, sillä jakeen 11 ihmiset voittavat lohikäärmeen Karitsan veren kautta.

Tässä kohtaa tuota ilmestystä paholainen on kukistettu ja syösty vallasta (tehty tehottomaksi mutta ei hävitetty). Tämä ei kuitenkaan tee loppua hänen toimistaan, vaan hänen raivonsa lähestyvän tuhonsa johdosta saa hänet vain yrittämään kahta kauheammin.

*Pelastus ja voitto*

Tämä korostaa sitä, mitä edellä on nähty kaikkialla Uudessa testamentissa: ratkaiseva voitto voitettiin ristillä, mutta taistelu on edelleen käynnissä.

## Kolme petoa

Seuraavaksi Ilmestyskirjassa kerrotaan kolmesta liittolaisesta, jotka avustavat lyötyä lohikäärmettä.

Jakeissa 13:1–10 lohikäärme antaa voimansa, valtaistuimensa ja suuren valtansa ensimmäiselle pedolle, joka sitten herjaa Jumalaa, vastustaa väkivaltaisesti pyhiä ja voittaa heidät väliaikaisesti. Kaikki paitsi Karitsan seuraajat kumartavat sitä.

Ensimmäinen peto näyttäisi symbolisoivan seurakuntaa *vainoavaa* virkavaltaa. Voidaan sanoa, että Johanneksen aikana tällainen "peto" nähtiin Rooman keisarikunnassa. Läpi historian "se" on nähty yhä uudelleen kaikenlaisia poliittisia värejä edustavissa hallituksissa, jotka ovat vastustaneet seurakuntaa ja vaatineet kansalaistensa jakamatonta omistautumista. "Se" on myös nähtävissä joissakin osissa maailmaa nykyäänkin, ja "se" on epäilemättä oleva vielä aktiivisempi viimeisinä päivinä ennen Kristuksen paluuta.

Toisesta pedosta kerrotaan jakeissa 13:11–18. Se vaikuttaisi olevan ensimmäisen pedon rikoskumppani. Se kannustaa kumartamaan vääriä jumalia, tekee valheellisia ihmetekoja ja saa *petettyä* ihmiset. Se pakottaa ihmiset kumartamaan ensimmäisen pedon kuvaa ja ottamaan tuon pedon merkin.

Johanneksen aikana tämä peto oli vertauskuva niistä, jotka kannustivat kumartamaan keisari Domitianusta. Jälleen voidaan sanoa, että "se" on ollut nähtävissä uudelleen läpi historian kaikissa valheuskonnoissa ja epäjumalallisissa aatteissa, jotka ovat saaneet ihmiset petettyä kumartamaan mitään muuta kuin todellista ja elävää Jumalaa. Voimme myös olla varmoja siitä, että "se" ilmaisee itsensä vielä selvemmin tulevaisuudessa.

Kolmas peto esiintyy jakeessa 17:3 – sen jälkeen, kun Karitsan lopullinen voitto on luottavaisesti ilmoitettu ennalta

*Pelastus armosta*

ja sitä on juhlistettu jakeissa 14:1–5, 15:1–4 ja 16:4–7. Tämä peto vaikuttaa käyttävän aseenaan *viettelyä* pikemmin kuin *vainoamista* tai *pettämistä*. Sen tavoitteena on saada ihmiset vangittua moraalittomuudella ja materialismilla.

Tämän pedon viettelevästä toiminnasta kerrotaan läpi lukujen 17 ja 18, ja se sotii Karitsaa vastaan sotkemalla Karitsan seuraajat moraalittomuuteen ja materialismiin – kahteen paholaisen tehokkaista viettelevistä voimista (joista kolmas on valta). Jae 17:14 tekee selväksi, että Karitsa ottaa täyden voiton tästä pedosta.

Johanneksen aikana tämä peto nähtiin Rooman keisarikunnan moraalisessa turmeluksessa ja siinä moraalisessa rappiossa, joka johti tuon valtakunnan kaatumiseen. Noista ajoista lähtien "se" on jatkanut pyrkimyksiään lamaannuttaa seurakuntaa moraalittomilla asenteilla ja rehottavalla materialismilla. Jälleen kerran voimme myös olla varmoja siitä, että se tuplaa ponnistelunsa, mitä lähempänä sen lopullisen kuoleman päivä on.

Luvuissa 18 ja 19 kerrotaan kolmannen pedon tuhosta – ja paljastetaan, että se on pelkästään oikeudenmukaista. Jeesus Voittaja ilmestyy jakeissa 19:11–16 tuomitsemaan ja sotimaan, ja Ilmestyskirjan viimeisissä kolmessa luvussa kerrotaan saatanan ja kuoleman lopullisesta hävittämisestä sekä uuden taivaan ja uuden maan luomisesta, joihin Jumala perustaa täydellisen valtakuntansa.

**Eläminen voittajana**
Ilmestyskirjan keskeinen sanoma on selvä: Jeesus on ristillä kukistanut saatanan ja hävittää hänet eräänä päivänä lopullisesti. Vain jos nämä kaksi ehdotonta tosiseikkaa pidetään mielessä, Ilmestyskirja voi rohkaista uskovia vastustamaan saatanan kaiken aikaa jatkuvaa vainoavaa, pettävää ja viettelevää toimintaa.

Pyhä Henki kehottaa meitä Johanneksen kirjoittaman Ilmestyskirjan kautta olemaan voittajia, astumaan Kristuksen ristillä saamaan voittoon ja ottamaan voiton paholaisen

## Pelastus ja voitto

voimasta. Uusi testamentti myös antaa ymmärtää, että on olemassa kaksi yksinkertaista tapaa, joilla meistä voi tulla voittajia ja joilla voimme elää voitossa.

Ensinnäkin kohdat 1. Piet. 5:8–9 ja Jaak. 4:7 kehottavat meitä vastustamaan paholaista ja tekemään sitä lujina uskossa. Meillä ei ole mitään pelättävää, sillä hänet on kukistettu ristillä. Jos olemme ottaneet yllemme Jumalan taisteluvarustuksen (Ef. 6:10–17), voimme vastustaa paholaista ja kestää.

Meidän ei tule paeta paholaisen vainon, petoksen ja viettelyn petoja. Meidän tulee vastustaa niitä *Jeesuksen*, *Voittajan*, *nimessä*, niin että paholainen pakenee meidän luotamme niin kuin hän pakenee Jeesuksenkin luota.

Emme edes itse asiassa ole pelkästään voittajia, sillä meitä kutsutaan jakeessa Room. 8:37 nimellä *hupernikao* – "hypervoittajat" tai "supersankarit". Jopa koetusten, ahdistusten, vainon, nälänhädän, sodan, köyhyyden ja vaarojen keskellä Paavali julistaa, että me olemme "enemmän kuin voittajia" – hänen kauttaan, joka on meitä rakastanut.

Toisekseen Ilmestyskirjan jae 12:11 osoittaa, että voitamme paholaisen Karitsan veren ja *todistuksemme sanan* kautta (vrt. v. 1938 käännös). Kuten kirjassa *Kadotettujen tavoittaminen* opitaan, meidät on kutsuttu julistamaan hyvää sanomaa Jeesuksesta Kristuksesta, osoittamaan se todeksi ja tekemään se lihaksi. Jae Ap. t. 26:18 paljastaa, että kun todistamme Jeesuksesta ja julistamme häntä, ihmiset kääntyvät pois saatanasta Jumalan puoleen, niin että saatanan valtakunta vetäytyy ja Jumalan etenee.

Meidän tulee muistaa, että ainoastaan Kristuksen ristin kautta voimme ottaa voiton saatanasta – sekä henkilökohtaisissa elämissämme että seurakunnan toiminnassa.

Tiedämme, että meidät on kutsuttu parannusta tekevään pyhyyteen ja radikaaliin evankeliointiin, epäitsekkääseen itsemme uhraamiseen ja kärsivälliseen kestävyyteen, mutta näillä on merkitystä ja jokin tarkoitus vain, koska nyt on näkyvissä siemenen käärmeestä saaman murskavoiton

*Pelastus armosta*

lopullinen täyttyminen – sen murskavoiton, jonka hän voitti kuollessaan ristillä.

## Pelastuksen yleismaailmallinen luonto

Tähän asti tässä kirjassa on tarkoituksella keskitytty henkilökohtaiseen pelastukseen. Olisi kuitenkin väärin jättää kiinnittämättä huomiota pelastuksen yleismaailmalliseen puoleen, sillä Golgatalla saatu voitto on selvästi myös voitto luomakunnalle. Ristillä Jeesus ei ainoastaan lunastanut yksittäisiä ihmisiä synnin kirouksesta – hän lunasti myös luomakunnan.

Raamattu opettaa, että rappeutuminen ja tuhoutuminen tulivat luontoon syntiinlankeemuksen seurauksena – 1. Moos. 3:17–18. Siksi Jumalan luomassa "sangen hyvässä" maailmassa ilmenee nyt suurta tuhoa aikaansaavia luonnonkatastrofeja, kuten tornadoja, maanjäristyksiä, tulvia ja tsunameja.

Luonto kuitenkin odottaa kaipauksella lunastusta, maailman korjaantumista – sellaiseksi, millainen se oli Jumalan luodessa sen. Juuri tähän Paavali viittaa jakeessa Room. 8:22 sanoessaan: "Me tiedämme, että koko luomakunta yhä huokaa ja vaikeroi synnytystuskissa." Paavalille ylösnoussut Jeesus on uuden luomakunnan esikoinen ja tae – 1. Kor. 15:20 –, ja Jeesuksen ylösnousemus on jo laittanut liikkeelle luonnon lunastuksen ensivaiheet. Tähän kuuluu kuitenkin myös selkeä "ei vielä " -puoli, ja juuri tähän jakeissa 2. Piet. 3:13 ja Ilm. 21:1 viitataan, kun niissä puhutaan tulevista "uusista taivaista" ja "uudesta maasta" – joilla viitataan aikaan, jolloin Jeesus palaa täyttääkseen täysin Golgatalla saamansa voiton.

Kaikki tämä merkitsee, että jos keskitymme ainoastaan yksittäisten miesten ja naisten puolesta saatuun voittoon, emme ymmärrä pelastuksesta kaikkea, mitä Raamattu siitä opettaa. Pelastuksen teologiassamme täytyy ehdottomasti olla myös maailmaan kokonaisuudessaan keskittyvä ulottuvuus. Kirjassa *Kadotettujen tavoittaminen* tämän selvitetään tarkoittavan, että meillä täytyy evankelioinnissamme olla aito "maailma-ulottuvuus" ja että meidän täytyy lisäksi

*Pelastus ja voitto*

ymmärtää se, että ristin sanoma on ajankohtainen myös tärkeiden ympäristöongelmien, kuten ilmastonmuutoksen, energiansäästön ja elintarviketuotannon kannalta. Tämä raamatullisen pelastuksen yleismaailmallinen ulottuvuus on myös juurikin se syy, miksi kristittyjen täytyy olla aktiivisia maailmassa kaikilla rintamilla – poliittisissa, sosiaalisissa, taloudellisissa, ympäristöön liittyvissä ja monissa muissa asioissa, eikä siis ainoastaan hengellisissä asioissa.

# Osa 8

## Pelastus ja uusi elämä

Kirjassa *Kadotettujen tavoittaminen* todetaan, että Raamattu kutsuu pelastumattomia ihmisiä usein nimellä *apololos*, "kadotetut", ja juuri tätä sanaa myös Luukas käyttää evankeliuminsa jakeessa 19:10 tehdessään yhteenvedon Jeesuksen tehtävästä: hän tuli pelastamaan *apololos*-ihmiset, "kadotetut".

Sana *apololos* on johdettu kreikan kielen verbistä *apollumi*, joka tarkoittaa "tuhota täysin", "pilata kokonaan" tai "hukata täydellisesti". Vaikka sanasta *apollumi* onkin joissakin raamatunkäännöksissä käytetty sanaa "tappaa", se tarkoittaa itse asiassa "hyvinvoinnin menettämistä" pikemmin kuin "olemassaolon menettämistä". Se merkitsee hävitystä ja tuhoa, ei kuolemaa ja olemassaolon loppumista.

Ihmiskunnan perinpohjainen "kadotettuna oleminen" on yksi tärkeimmistä Jumalan pelastavan sovitustyön syistä. Miehet ja naiset, jotka ovat täysin kadotettuja, tarvitsevat kiireesti sitä, että he tulevat löydetyiksi ja että heidät sitten tuodaan takaisin Jumalan luo (minne he laillisesti kuuluvatkin) ja että heidät sovitetaan täysin Jumalan kanssa.

Vaikka "kadotettuna oleminen" onkin ensisijainen kuva, jota Raamattu käyttää langenneesta ihmiskunnasta, se ei ole ainoa kuva. Raamatussa käytetään hyvin monia eri sanoja, kielikuvia, vertauksia ja kuvia Jumalan armollisen pelastuksen paljastamiseksi sen koko täyteydessä. Näistä toissijaisia ilmauksia ovat käsitykset siitä, että ihmiskunta on pohjimmiltaan "kuollut" ja "sokea". Nämä käsitykset löytyvät yhä uudelleen kaikkialta Raamatusta. Kuolleet ja sokeat tarvitsevat paitsi löytämistä ja sovittamista, myös sitä, että kaiken elämän ja kaiken valon lähde antaa heille uuden elämän

## Pelastus armosta

ja uuden valon. He tarvitsevat Jumalan pelastavaa elämää ja valoa *sen lisäksi* että he tarvitsevat anteeksiantoa, sovitusta, voittoa ja niin edelleen.

Edellä tarkasteltiin jo sitä, että Jumalan pelastava armo tekee työtään Kristuksen sovitustyössä, ilmoittavassa toiminnassa ja voitossa. Mutta – sikäli kuin se edes on mahdollista – jumalallinen armo on vielä tätäkin selvempää Kristuksen toiminnassa uuden elämän antajana.

Vaikka saatammekin tietää, että Jumala tekee aloitteen kadotettujen tavoittamiseksi, jotkut löydetyt ja sovitetut ihmiset vaikuttavat silti ajattelevan, että heillä olisi ollut jokin osa sovitusprosessissa – vaikkakin sitten vain avun huutaminen tai käden ojentaminen.

Kuolleet ihmiset eivät kuitenkaan voi tehdä mitään itsensä auttamiseksi. He eivät voi huutaa apua. He eivät voi herättää itseään henkiin. He eivät edes voi ojentaa voimatonta käsivartta Jumalaa kohti. He tarvitsevat sen sijaan sitä, että Jumala tekee kaiken heidän puolestaan. Juuri tästä syystä pelastuksen täytyy tapahtua Jumalan armosta.

He tarvitsevat sitä, että Jeesus, joka tuli jumalallisena vanhempana kärsimään synnytystuskat uuden luomakunnan taivaallisen syntymän aikaansaamiseksi, antaa heille uuden elämän, jonka hän ristillä osti olemassa olevaksi.

He tarvitsevat sitä ristillä tapahtuneen pelastustyön puolta, jonka ansiosta ikuinen elämä on nyt tarjolla kaikille, ja he tarvitsevat sitä, että Jumala armossaan antaa sen heille, puhaltaa jumalallisen Henkensä heidän kuolleeseen henkeensä ja asettaa jumalallisen siemenensä syvälle heidän sisimpäänsä.

Tämän pelastuksen "lisääntymispuolen" tulisi olla lopullinen vakuuttava todiste siitä, että pelastus on täysin Jumalan työtä ja ainoastaan Jumalan työtä. Yksinkertaisesti sanottuna: mitä tulee Raamattuun, me olemme joko pelastettuja armosta tai emme ole pelastettuja laisinkaan.

*Pelastus ja uusi elämä*

## Uudestisyntymä

Useimmat uskovat tuntevat ilmaukset "uudestisyntyminen" ja "uudestisyntynyt", mutta vain harvat pohdiskelevat näitä ilmauksia syvällisesti tai yrittävät ymmärtää niitä niiden raamatullisessa asiayhteydessä.

Jokaisesta pelastuksen puolesta on kerrottu ennalta Jesajan kirjan neljässä palvelijan laulussa, ja Jesajan kirjan jakeet 53:10-11 lupaavat, että päivänä, jolloin palvelija kuolee, kun hänet ruhjotaan Jumalan kansan rikkomusten tähden, hän näkee "sukunsa" tai "jälkeläisensä" ja "sielunsa ahdistuksen" (englanninkielisen käännöksen mukaan, suom. huom.).

Koska Raamattu osoittaa, että Jeesus oli tämä "kärsivä palvelija", evankeliumien voidaan odottaa kertovan, että Jeesus näkee kuolinpäivänään jälkeläisensä ja sielunsa ahdistuksen. Ja niissä kerrotaankin, että niiden kuuden tunnin jälkeen ristillä, joita voidaan pitää "hengellisenä synnyttämisenä", Jeesus oli samankaltaisessa tilassa kuin synnyttävä nainen – hän oli janoissaan kuin peura Psalmin 42 jakeissa 1-2.

Johanneksen evankeliumin jakeissa 19:28-30 kerrotaan Jeesuksen *janoisesta huudosta*, joka oli kohtien Ps. 22:15 ja 42:1 täyttymys (kun sotilaat vastasivat, he täyttivät kohdan Ps. 69:21), sekä hänen *voitokkaan ilon huudostaan*. Jeesuksen kuollessa "synnytykseen" hän huusi: "Minä tein sen!", sillä aivan kuten Jesajan kirjan jakeen 53:10 palvelija, hän oli profeetallisesti nähnyt vilaukselta jälkeläisensä, uhrauksensa hedelmän – uuden luomakunnan, lunastetun ihmiskunnan, joka on uudestisyntynyt Jumalan luonnon mukaiseksi.

Kohdassa Joh. 12:23-33 Jeesus puhui ennalta useista ristillä tapahtuvan pelastavan kuolemansa puolista. Hän selitti, että hänen kuolemansa paljastaisi Jumalan kirkkauden, että se syöstäisi tämän maailman pahan hallitsijan vallasta ja että *se saisi ihmeellisellä tavalla hänen oman elämänsä ja luontonsa lisääntymään*.

Tässä tärkeässä profeetallisessa kohdassa Jeesus epäsuorasti lupasi, että hänen ristinkuolemansa saisi aikaan useiden hänen

*Pelastus armosta*

luontoaan toisintavien ihmisten syntymän – täysin samalla tapaa kuin vehnänjyvä, joka pudottuaan maahan ja kuoltuaan tuottaa uudelleen itsensä ja luontonsa.

**Vanhatestamentillinen tausta**
Jokaisesta tähän mennessä tarkastellusta ristin puolesta on kerrottu ennalta Vanhassa testamentissa, ja sama pätee myös uudestisyntymään.

Jakeiden 2. Moos. 4:22; 5. Moos. 32:6 ja Hoos. 11:1 kaltaiset kohdat osoittavat, että Israelin kansaa pidettiin Jumalan esikoisena. Lisäksi jakeiden 2. Sam. 7:14 sekä Ps. 2:7 ja 89:27 kaltaiset kohdat paljastavat, että ihmiset ymmärsivät kuninkaansa olevan erityinen Jumalan poika.

Jotkut hengelliset johtajat väittävät näiden kohtien viittaavan pikemmin "liittoon liittyvään valintaan" kuin "hengelliseen lisääntymiseen", mutta näitä käsityksiä ei voida erottaa toisistaan. Kuten edellä havaittiin, jokainen pelastuksen puoli liittyy Jumalan liittoon, ja lupaus uudesta elämästä ja lisääntymisestä on kaikkien raamatullisten liittojen ytimessä. Jumalan liitto Abrahamin kanssa takasi useita jälkeläisiä, hänen liittonsa Mooseksen kanssa takasi kansan, hänen liittonsa Daavidin kanssa takasi suvun jatkumisen ja hänen uusi liittonsa ihmiskunnan kanssa takasi hänelle itselleen suuren joukon jälkeläisiä, pyhän kansan, jumalallisen suvun. Tästä voidaan päätellä, että Jumala antaa uuden elämän ja uudestisyntymän aina, kun hän toimii jossakin liitossa.

Psalmi 2 on erityisen merkityksellinen: siinä viitataan Jumalan messiaaniseen liittoon jakeissa 2 ja 6–9 sekä liitetään toisiinsa käsitykset Jumala "sovittaa" ja Jumala "synnyttää". (Kyseisessä kohdassa käytetty muinaisenglannin sana "beget" merkitsee "jatkaa sukua" tai "siittää", ja se viittaa erityisesti miehen osuuteen lisääntymisessä – siemenen antamiseen – pikemmin kuin koko lisääntymisprosessiin.) Jumala voiteli Jeesuksen rakkaaksi Pojakseen – Jeesus on ikuisen Isän ikuinen Poika. Kirjassa *Pojan tunteminen* havaitaan, että Pojan "synnyttämisellä" viitataan siihen, kun Jumala julkisesti

*Pelastus ja uusi elämä*

julisti Jeesuksen lapseuden voitelemalla tämän, nostamalla tämän kuolleista ja asettamalla tämän valtaistuimelle oikealle puolelleen. Pojasta ei tullut Poika näiden tekojen kautta, sillä hän oli aina jo ollut Poika, vaan nämä Jumalan teot vain osoittivat, kuka hän oli.

Psalmin 2 yhteys "voitelun" ja "synnyttämisen" välillä, Jumalan Hengen antamisen ja Jumalan Siemenen antamisen välillä, antaa kuitenkin ymmärtää, että Hän, kenet Jumala "synnyttää", on Hän, kenet Jumala "voitelee" Hengellään. Yhteys messiaanisen liiton lupauksiin antaa lisäksi ymmärtää, että tämä "synnyttäminen ja voiteleminen" on osa Jumalan liittotoimintaa.

Yhdellä tasolla Psalmi 2 on kolminaisuusopillinen oivallus, joka täyttyy Jeesuksessa: hän on Daavidin Poika, Jumalan ainutlaatuinen ja ainutsyntyinen Poika, 1. Mooseksen kirjan luvun 3 siemen, *Christos* – Hän, joka on voideltu Hengellä.

Syvemmällä tasolla Psalmi 2 puhuu kuitenkin ennalta yhteydestä Hengen lahjan ja uuden elämän lahjan välillä, jonka Jeesus paljastaa Johanneksen evankeliumin luvussa 3 ja tuo julki ristillä ja joka vahvistetaan uudelleen kohdassa 1. Joh. 2:20–29.

## Jeesus ja Nikodemos

Vaikka "uuden elämän" tai "uudestisyntymän" ajatukseen viitataankin Uuden testamentin jakeiden Tit. 3:5; 1. Piet. 1:22–2:3 ja 1. Joh. 3:9 kaltaisissa kohdissa, Jeesus itse selvittää sitä kaikista selvimmin kuuluisassa yöllisessä keskustelussaan Nikodemoksen kanssa (ks. Joh. 3:1–21).

Nikodemos vaikuttaa olevan yksi niistä jakeissa Joh. 2:23–25 mainituista henkilöistä, jotka uskoivat Jeesukseen näkemiensä tunnustekojen vuoksi. Jakeen Joh. 3:2 "me" antaa ymmärtää, että Nikodemos saattoi olla näiden ihmisten puolestapuhuja.

Jeesus oli suhtautunut kielteisesti näiden ihmisten uskoon jakeissa 2:24–25, ja hän antaa samankaltaisen vastauksen aluksi myös Nikodemokselle. Vaikka tämä hallitusmies tarkoittikin hyvää kommentillaan, jolla hän lähestyi Jeesusta

## Pelastus armosta

(j. 3:2), se paljastaa, että hän oli perinpohjaisesti ymmärtänyt Jeesuksen väärin.

Jeesuksen vastauksen perusteella (j. 3:3) vaikuttaa siltä, että Jeesus pitää Nikodemoksen tervehdystä epäsuorana kysymyksenä Jumalan valtakuntaan pääsemisestä. Jeesus selittää Nikodemokselle, ettei hän ole tullut Jumalan luota Nikodemoksen kuvittelemalla tavalla, vaan että hän on laskeutunut Jumalan läsnäolosta nimenomaan nostaakseen ihmisiä Jumalan luo.

Jeesuksen perusopetus Johanneksen evankeliumin luvussa 3 on yksinkertainen. Ihmiset tulevat lihaksi ja astuvat sisään maailman valtakuntaan, kun heidän isänsä saattaa heidät alulle ja heidän äitinsä synnyttää heidät. Ja samalla tapaa ihmiset astuvat sisään Jumalan valtakuntaan vasta sen myötä, kun Jumala on ensin synnyttänyt heidät.

Maallinen elämä tulee maallisilta vanhemmiltamme ja heidän kauttaan. Ikuinen elämä taas tulee taivaalliselta Isältä, ja sen synnyttäminen tapahtuu Pojan kautta, jolle Isä on antanut vallan antaa uuden elämän.

Nikodemos ymmärsi Jeesuksen opetuksen edelleen väärin ja ajatteli sen tarkoittavan, että ihmisten täytyi kokea toinen fyysinen syntymä. Jeesus kuitenkin viittasi Vanhassa testamentissa ennalta kuvattuun aikaan, jolloin miehet ja naiset syntyisivät uudesti Jumalan lapsiksi.

Kun Nikodemos ei ymmärtänyt hengellisen lisääntymisen ajatusta, ajatusta siitä, että Jumala laittaa alulle ja synnyttää, Jeesus jatkoi selittämällä kyseistä aihetta tarkemmin.

### Hengestä syntynyt

Yksi yksinkertaisimmista tavoista selvittää, onko joku elossa, on tarkistaa, hengittääkö kyseinen henkilö. Jeesuksen aikoina hengitystä/henkeä (näistä käytettiin samaa heprean kielen sanaa) pidettiin elämän perusperiaatteena.

Jumala antoi fyysisen elämän ihmiskunnalle puhaltamalla ihmisen sieraimiin "elämän henkäyksen/hengen" (1. Moos. 2:7). Samalla tapaa fyysinen kuolema tapahtuu, kun Jumala ottaa

*Pelastus ja uusi elämä*

henkäyksensä/henkensä taas pois – tämä havaitaan kohdista 1. Moos. 6:3; Job. 34:14 ja Saarn. 12:7.

Jeesus selitti Nikodemokselle, että aivan kuten fyysinen elämä alkoi siitä, kun Jumala laittoi henkäyksensä/henkensä ihmisiin, samoin uusi elämä alkaa siitä, kun Jumala antaa henkäyksensä/henkensä ihmisille. Jeesus sanoi jakeissa 3:5–8, ettei kukaan pääse Jumalan valtakuntaan, ellei ole "syntynyt Hengestä" – ellei ole saanut Jumalan antamaa elämän henkäystä.

Sanhedrinin, suuren neuvoston, jäsenenä Nikodemoksen olisi pitänyt tunnistaa suuri osa tästä, sillä Hengen antamisesta oli kerrottu ennalta esimerkiksi kohdissa Jes. 32:15, 44:3; Hes. 36:25–26 ja Joel 2:28–29.

(Jeesuksen sanojen Johanneksen evankeliumin luvussa 3 tulisi auttaa meitä ymmärtämään, että ilmauksilla "olla uudestisyntynyt", "saada uusi elämä", "uudestisyntymä" ja "olla Hengestä syntynyt" tarkoitetaan yhtä ja samaa ristin aikaansaamaa asiaa.)

Jakeessa Joh. 3:6 Jeesus asetti vastakkain lihan ja Hengen samalla tapaa kuin hän oli juuri asettanut vastakkain maallisen ja taivaallisen syntymän. Tämä vastakkainasettelu ei kannusta jaottelemaan ihmisiä, eikä se ole aineellisen ja hengellisen esittämistä vastakohtina, sillä "lihalla" viitataan tässä ihmiskuntaan sellaisena kuin se syntyy maailmaan – ja tällaisena siinä on sekä jotakin aineellista että jotakin hengellistä. Jeesuksen vastakkainasettelu onkin sen välillä, "millaisia ihmiset ovat" ja "millaisia he voivat olla" – kun he vastaanottavat uuden elämän ja syntyvät Hengestä.

Jakeissa 3:7–8 Jeesus teki selväksi Nikodemokselle, että Hengestä syntymiseen liittyi jotakin hyvin arvoituksellista ja salattua. Hän viittasi Saarnaajan kirjan jakeeseen 11:5 ja käytti vertausta tuulesta osoittaakseen, ettei tämä arvoituksellisuus kuitenkaan vie mitään pois Hengen toiminnan todellisuudesta.

Vaikka voimme nähdä tuulen vaikutukset, emme voi nähdä itse tuulta, joka nämä vaikutukset saa aikaan. Samalla tapaa voimme nähdä ne, jotka ovat syntyneet uudesti näkemättä

*Pelastus armosta*

kuitenkaan, milloin tai kuinka Henki heissä toimi, ja tietämättä, miksi joku syntyy uudesti ja toinen ei.

**Pojan korottaminen**
Jakeissa Joh. 3:1–8 Jeesus selitti, että pääsy Jumalan valtakuntaan edellyttää sitä, että Jumala antaa elämän henkäyksensä/henkensä, ja että tämä on jotakin, minkä ainoastaan Jumala voi saada aikaan. Nikodemos ei edelleenkään ymmärtänyt, ja niinpä jakeessa 3:9 hän kysyi Jeesukselta, miten tämä voi tapahtua.

Jeesus vakuutti Nikodemokselle tietävänsä varmasti, mistä hän puhui, koska hän oli tullut korkeuksista – ja piti tiukasti kiinni myös siitä, että hän oli ainoa, joka kykeni vastaamaan tuohon kysymykseen, koska kukaan muu ei koskaan ollut käynyt taivaassa.

Vaikka jakeet 3 ja 16 ovatkin Johanneksen evankeliumin luvun 3 tunnetuimmat jakeet, jakeet 14–15 ovat tuon luvun avainkohta, Johanneksen evankeliumin sydän ja "pelastuksen ja uuden elämän" ydin. Jakeissa 3:14–15 Jeesus selittää, että uusi elämä voi syntyä vain sen seurauksena, kun hänet on nostettu ristille. "Uusi elämä", "uudestisyntymä", "syntyminen uudesti", "Hengestä syntyminen" ja niin edelleen – se on mahdollista vain Pojan kuoleman kautta.

Jae 14 on ensimmäinen Johanneksen evankeliumin kolmesta toteamuksesta, jotka viittaavat Jeesuksen "ylentämiseen" tai "korottamiseen". Toiset kaksi löytyvät kohdista 8:28 ja 12:32–34. (On syytä huomioida, että jälleen kerran tästäkin tietystä pelastuksen puolesta on kerrottu ennalta Jesajan kirjan palvelijan lauluissa – jakeessa 52:13.)

Kreikan kielen verbi *hupsoo*, "ylentää" tai "korottaa", esiintyy myös Apostolien tekojen jakeissa 2:33 ja 5:31, joissa sillä viitataan Jeesuksen taivaaseenastumiseen. Vastaava heprean kielen sana *nasah* taas voi tarkoittaa sekä kuolemaa että kirkastamista – kuten jakeissa 1. Moos. 40:13 ja 19. Tästä voidaan päätellä, että Jeesuksen "korottaminen" alkoi hänen kuolemastaan, todistettiin julkisesti hänen

*Pelastus ja uusi elämä*

ylösnousemuksessaan ja tehtiin täydelliseksi hänen taivaaseenastumisessaan.

Jakeessa 3:15 Jeesus kertoi Nikodemokselle, että Mooseksen autiomaassa nostaman käärmeen tavoin myös hänen korottamisensa ristille johtaisi suoraan uuden elämän antamiseen lahjana kaikille, jotka uskovat häneen.

Tässä keskeisessä raamatunkohdassa Jeesus lupasi Nikodemokselle antavansa uuden elämän, ikuisen elämän, iankaikkisen elämän korottamisensa ja kirkastamisensa yhteydessä. On selvää, että tämä uusi elämä on Jumalan lasten elämää, ylhäältä syntynyttä elämää, Hengestä syntynyttä elämää, itse Jumalan oma henkäys.

**Usko Poikaan**

Usko on yksi Johanneksen evankeliumin suurista teemoista, ja jakeessa 20:31 todetaan, että kyseinen evankeliumi kirjoitettiin sitä nimenomaista tarkoitusta varten, että se johtaisi ihmisiä uskomaan Jeesukseen, *jotta* heillä voisi olla elämä hänen nimessään. Tämä juuri on se syy, miksi Johanneksen evankeliumissa laitetaan niin suurta painoarvoa "epäilevälle" Tuomaalle ja miksi siinä kerrotaan myös Tuomaan dramaattisesta uskontunnustuksesta jakeissa 20:27-28.

Jakeessa 3:15 Jeesus kertoo Nikodemokselle, että iankaikkinen elämä saadaan uskomalla häneen – mutta meidän täytyy olla tarkkoina siitä, että tämä on uskoa *Häneen, joka on korotettu.* Liian monet ihmiset lainaavat jaetta Joh. 3:16 tunnistamatta, että se täytyy ymmärtää jakeiden 14 ja 15 asiayhteydessä.

Iankaikkinen elämä, jonka Jeesus lupasi niille, jotka uskovat, on elämää vain niille, jotka uskovat häneen, joka korotettiin niin kuin Mooseksen tanko korotettiin autiomaassa. Uskomme ei siis johda uuteen elämään, ellei se pohjaudu tiukasti ristiin.

Jakeissa 4. Moos. 21:4-9 kerrotaan, kuinka syntiä tehneet, käärmeen puremat israelilaiset, joita odotti varma kuolema, voitiin pelastaa varmalta kuolemalta vain sillä, että he katsoivat Mooseksen tekemään ja tangon päähän nostamaan

*Pelastus armosta*

pronssikäärmeeseen. Näin Jumala antoi tuomion aikana ihmisille armosta elämän. Jos ihmiset uskoivat Jumalan huolenpitoon ja osoittivat tämän katsomalla *tankoa*, he saivat elää. Jos he eivät katsoneet sitä, he kuolivat käärmeen myrkkyyn.

Samalla tapaa Jeesus tuli taivaasta tuomion päivänä Jumalan armontäyteisenä antajana ja huolenpitäjänä kaikkien niiden puolesta, jotka ovat kuolemassa muinaisen käärmeen toiminnan seurauksena. Myös Jeesus korotettiin Jumalan tapana tarjota elämää. Jos ihmiset osoittavat uskonsa Jumalan armolliseen huolenpitoon katsomalla Häneen, *joka on ristillä*, he saavat iankaikkisen elämän. Mutta jos he eivät katso ristiin, he joutuvat kadotukseen.

Jakeesta Joh. 3:1 jakeeseen Joh. 3:15 Jeesus keskittyy Nikodemokseen ja yksittäisille ihmisille annettavaan uuden elämän lahjaan. Jakeissa 3:16–17 Jeesus kuitenkin osoittaa, että Jumalan uuden elämän lahja on tarkoitettu koko maailmalle. Hän tekee selväksi, ettei Jumalan tarkoitus ole ainoastaan tehdä muutama harva ihminen hänen kaltaisekseen: pelastava ja uutta tekevä Isä haluaa antaa uuden elämän koko maailmalle.

### Uusi elämä Kristuksessa

Uusi elämä on hallitseva teema apostoli Paavalin ja apostoli Johanneksen kirjoituksissa.

Johannes esittelee Isän ja Pojan välisen yhteyden mallina uskovan elämälle Jumalassa ja kertoo uskovan uudesta elämästä käyttämällä ilmauksia "pysyä" tai "olla" Jeesuksessa. Tämä havaitaan esimerkiksi jakeista Joh. 6:56, 14:10–24 ja 15:1–10.

Jeesuksen kuva viiniköynnöksestä (Joh. 15) ilmaisee elävästi, kuinka keskeinen seikka Jumalan elämän virtaaminen hänen kansaansa kuuluvien ihmisten elämien läpi on. Jae 15:7 on järkeenkäypä vain, jos Jumalan elämä, luonto ja mieli todella on vuodatettu uskoviin.

## Pelastus ja uusi elämä

Johannes tekee selväksi, että Jumalan elämän lahjan on tarkoitus tuottaa samoja piirteitä ja samaa laatua kuin mitä Jumalan omassa elämässä voidaan nähdä. Ne, jotka pysyvät Kristuksessa, ovat velvoitettuja kulkemaan, kuten Kristus kulki, ja elämään, kuten Kristus eli. Tämä havaitaan kohdissa 1. Joh. 2:5–6, 24 ja 27–28, 3:6 ja 24, 4:12–13 ja 15–16 sekä 5:20.

"Iankaikkisella elämällä", josta Johannes kertoo kohdissa Joh. 3:15–16, 6:40 ja 47, 20:31; 1. Joh. 1:2, 2:5 ja 5:20, viitataan kyllä hengelliseen olemassaoloon Jumalan läsnäolossa fyysisen kuoleman jälkeen (joka saadaan etukäteen uskomalla Häneen, joka oli ristillä) – mutta sillä ei kuitenkaan viitataan *ainoastaan* tähän.

Johannekselle iankaikkinen elämä on *myös* tämänhetkistä todellisuutta (tai muuten hänen opetuksensa Kristuksessa pysymisestä ei olisi millään lailla järkeenkäypää). Se on uusi tapa olla olemassa tällä hetkellä. Sen seurauksena niillä, jotka uskovat Häneen, joka on ylennetty, voi olla *maan päällä* sellainen elämä, jossa näkyvät kaikki Jumalan oman taivaallisen elämän ominaispiirteet.

Tämä sama totuus voidaan löytää hieman eri painotuksella myös Paavalin kirjoituksista. Hän viittaa "ikuiseen elämään" ensisijaisesti tulevaisuuteen sijoittuvana asiana – kuten kohdissa Room. 2:7, 5:21, 6:22 ja Gal. 6:8. Tämä ei kuitenkaan tarkoita Paavalin torjuvan ajatusta siitä, että ikuinen elämä voidaan kokea henkilökohtaisesti nykyhetkessä. Hän vain käyttää toisenlaisia ilmauksia puhuessaan uskovan uudesta elämästä maan päällä.

Paavali viittaa uuteen elämäämme esimerkiksi seuraavilla ilmauksilla:

- liitettynä Kristuksen yhteyteen
- Kristuksessa
- Hengessä
- Kristus meissä
- Henki meissä

*Pelastus armosta*

- Kristukselle
- pukea Kristus ylle.

Vaikuttaa siltä, että Paavali käyttää näitä ilmauksia välillä jopa toistensa synonyymeina, ja kaikkiin niihin liittyy aina sekä *määrätty historiassa tapahtuva teko* että *jatkuva prosessi*.

Mitä ilmausta Paavali sitten käyttääkään kuvaamaan "uutta elämää", hän viittaa näillä ilmauksilla aina elämään, jonka Jumala on ristillä tehnyt olevaksi. Hän viittaa niillä Jumalan luonnon lisääntymiseen Hengen kautta ja Pojan kuoleman kautta. Tästä huolimatta Paavalin ilmaukset viittaavat kuitenkin aina myös jatkuvaan prosessiin elää Jumalan uutta elämää maailmassa.

Tämä nähdään kaikissa pelastuksen vaiheissa: ristillä saatujen anteeksiannon ja sovinnon lahjojen on tarkoitus saada aikaan elämä, jonka jatkuvia ominaispiirteitä ovat anteeksianto ja sovinto. Sen, että Jumala täydellisesti ilmoitettiin ristillä, on tarkoitus johtaa elämään, joka jatkuvasti näyttää jotakin Jumalan uhraavasta luonnosta. Kristuksen ristillä saaman voiton on tarkoitus saada aikaan jatkuvassa voitossa elävä elämä. Joten samoin myös ristin kautta saatavan Jumalan uuden elämän lahjan on tarkoitus johtaa elämään, joka on jatkuvasti (ja enenevästi) Jumalan elämän kaltaista.

Uuden elämän lahja ei pelkästään ole tae "pääsystä taivaaseen" (vaikka se onkin myös sitä). Se on lisäksi Jumalan henkäyksen lahja, jonka tarkoitus on muuttaa meitä Jumalan kaltaisuuteen, jotta voisimme ilmentää Jumalan luontoa.

**Liitettynä Kristuksen kuolemaan ja elämään**
Useimpiin Paavalin kuviin uudesta elämästä liittyy samaistumista Kristuksen kuolemaan sekä sisällyttämistä Kristuksen elämään.

Tämä on erityisen selvää Roomalaiskirjeen luvussa 6, jossa Paavali esittää kasteen merkkinä ja sinettinä siitä, että meidät on liitetty Kristukseen tämän kuolemassa ja

*Pelastus ja uusi elämä*

ylösnousemuksessa. Kyseisessä luvussa Paavali sanoo, että aivan kuten Jeesuksen kuolema oli historiallinen tapahtuma, samoin uskovien sisällyttäminen Jeesuksen kuolemaan on samalla tapaa historiallista.

Paavalin mukaan Kristuksen kuollessa ristillä myös kaikki ne kuolivat, jotka myöhemmin tulisivat liitetyiksi hänen yhteyteensä. Tämä merkitsee, että heti kun laitamme uskomme ristillä olevaan Kristukseen, meidät liitetään yhteen aiemmin tapahtuneen kuoleman kanssa. Tulisikin olla selvää, että tämä oman itsen kuoleminen on välttämätöntä, ennen kuin voimme olla osallisia Kristuksen ylösnousemuselämään.

Edellä havaittiin, että Kristuksen voitto ristillä on tehnyt mahdolliseksi sen, että me voimme olla osallisia hänen voitostaan. Tämä on kuitenkin ainoastaan mahdollista siksi, koska Jumala liittää meidät Kristuksen yhteyteen uudenlaisessa elämässä, jossa syntisellä lihalla ei enää ole sitä valtaa, joka sillä aiemmin oli – sillä se on ristiinnaulittu kuolemaan. Juuri tästä syystä Paavali kehottaakin meitä Roomalaiskirjeen jakeessa 6:11 pitämään itseämme kuolleina synnille ja elävinä Jumalalle (vrt. v. 1938 käännös). Tämä on todellinen totuus, ei oikeudellinen kuvitelma.

Vaikka tapa, jolla Paavali puhuu kasteesta Roomalaiskirjeen luvussa 6, viittaakin siihen, että meidät on liitetty Kristuksen kuolemaan, se keskittyy enemmän siihen, että meidät on liitetty hänen ylösnousemuselämäänsä.

Jeesuksen pelastava kuolema todistettiin mahtavalla tavalla paikkansapitäväksi totuudeksi hänen ylösnousemuksensa historiallisessa todellisuudessa. Ylösnousemus paljasti, että ristillä tapahtui kosminen muutos, ja tämän muutoksen merkkinä oli nyt uudenlainen tapa elää, uusi ylösnousemuselämä. Se että meidät on liitetty Kristukseen –siinä, kun saimme lahjaksi uuden elämän – merkitsee, että olemme nyt osallisia Kristuksen ylösnousemuselämään ja että elämme sitä nyt maan päällä.

*Pelastus armosta*

## Jumalassa

Kun jakeessa 2. Kor. 5:17 Paavali kuvaa uskovan uutta elämää "Kristuksessa" ilmauksella "uusi luomus", hän viittaa siihen radikaaliin muutokseen, joka tapahtuu, kun ihminen ottaa vastaan Jumalan uuden elämän ja uskoo Häneen, joka on korotettu ristillä.

Paavali käyttää sanaa "Kristuksessa" ilmaistakseen sen ajatuksen, että mitä Jeesukselle tapahtui, vaikuttaa jokaiseen hänessä olevaan uskovaan. "Uusi luomus" tapahtuu uskovalle, koska se tapahtui Kristukselle ristin seurauksena: se tapahtuu meille, koska meidät on ihmeellisen armon kautta liitetty häneen.

Kirjeissään Paavali käyttää usein ilmausta "Kristuksessa" osoittaakseen, että uusi elämämme on täysin riippuvaista Kristuksesta ja että se on riippuvaista siitä, että meidät on liitetty Kristukseen tai hänen yhteyteensä.

Paavali käyttää ilmausta "Kristuksessa" kaikista kristillisen elämän puolista – sekä henkilökohtaisista että yhteisöllisistä: *jo tapahtuneesta lunastuksestamme, tämän hetken tekemisistämme* ja *tulevasta perinnöstämme*. Tämä havaitaan esimerkiksi kohdissa Room. 3:23, 8:1 ja 39, 16:3–12; 1. Kor. 1:5, 4:10, 15 ja 17, 15:22; 2. Kor. 2:17, 5:17, 13:4; Fil. 1:1 ja 13, 2:1, 4:13; Kol. 2:15 sekä 1. Tess. 1:1 ja 2:14.

Läpi tämän *Hengen miekka* -kirjasarjan kiinnitetään toistuvasti huomiota siihen, että Raamatun mukaan Henki on hallitsevassa osassa kristillisessä elämässä. Roomalaiskirjeen jakeessa 8:9 Paavali sanoo, etteivät kristityt uskovat ole lihan vaan Hengen vallassa (vrt. v. 1938 käännös), ja nimeää Hengen sekä Jumalan Hengeksi että Kristuksen Hengeksi. Tämä osoittaa, että Paavalille sanonnat "Hengessä" ja "Kristuksessa" ilmaisevat täysin saman ajatuksen – ajatuksen uskovan uudesta elämästä Jumalassa.

Kuten edellä havaittiin, uuden elämän radikaali muutos, joka on toteutunut Kristuksessa, on tapahtunut ainoastaan Hengen kautta.

*Pelastus ja uusi elämä*

### Jumala meissä

Paavali ymmärtää Jumalan meissä synnyttämän uuden elämän niin rikkaalla tavalla, että hän täydentää suurta "Kristuksessa"-ajatustaan toisella "Kristus meissä" -ajatuksella. Samalla tapaa hän myös täydentää tavanomaista "Hengessä"-ajatustaan "Henki meissä" -ajatuksella.

Näissä käsityksissä voidaan hyvin selkeästi nähdä armo: niiden alulle laittaminen ei selvästikään ole meidän vallassamme ja niissä vallan ottaa jokin meitä suurempi. Tämä on Paavalin dynaamisin kuva uudesta elämästä. Se löytyy esimerkiksi kohdista Room. 8:9; 2. Kor. 13:5; Gal. 2:20; Ef. 3:17 ja Kol. 1:27.

Roomalaiskirjeen luku 8 on Paavalin klassinen kohta Jumalasta meissä: jae 8:9 painottaa sitä, että uusi elämä on vastakohta vanhalle elämälle lihassa ja että se on seurausta siitä, että Henki on meissä.

Ilmaukseen "Henki meissä" sisältyy ajatus täysin uudenlaisesta elämäntavasta. Se antaa ymmärtää, että tietyssä mielessä Henki ottaa vallan uskovassa, josta sitten tulee uusi Hengen temppeli. Paavalin mukaan juuri tämä, että Henki on meissä, takaa meille hengellisen asemamme, uuden elämämme ja ikuisen lapseutemme. Tämä havaitaan esimerkiksi kohdista Room. 8:16; 1. Kor. 3:16, 6:19 sekä 2. Kor. 1:22 ja 5:5.

Yksinkertaisesti sanottuna: jos Jumala ei laita elämäänsä meihin, jos hän ei laita Henkeänsä meihin, meillä ei ole uutta elämää – jäämme lihan valtaan, olemme kuolleita eikä meillä ole pelastusta.

### Riisua yltä ja pukea ylle

Vanhan elämän jättäminen ja uuden elämän ottaminen vastaan esitetään Uudessa testamentissa historiallisena hetkenä, joka tapahtui Golgatalla ja johon pääsemme osallisiksi armosta uskomalla Häneen, joka oli ristillä. Tämä havaitaan kohdasta Kol. 3:9–10. "Hylkääminen ja ottaminen vastaan" esitetään kuitenkin myös jatkuvana prosessina, joka on itsessään yksi

*Pelastus armosta*

uuden elämän ominaispiirteistä. Tämä havaitaan kohdasta Kol. 3:12–14.

Tämä muistuttaa pitkälti Kristuksen epäitsekästä uhrautumista: se tapahtui kerran ja kertakaikkisesti ristillä syntien sovitukseksi, mutta se on lisäksi aina olennainen osa sitä ylösnousemuselämää, johon me olemme osallisia.

Paavali kirjoittaa Kristuksen pukemisesta ylle kohdissa Room. 13:14 ja Gal. 3:27. Jakeessa Room. 13:14 Kristuksen pukeminen ylle esitetään vastakohtana lihan ja lihan halujen vallassa elämiselle. Se on uusi tapa elää ja merkitsee elämistä tavalla, joka vastaa Kristuksen tapaa elää.

Jakeessa Gal. 3:27 Paavali kuitenkin jälleen käyttää kasteen symboliikkaa kuvatessaan uutta elämää. Kyseinen jae puhuu siitä, että ne, jotka kastetaan, ikään kuin kietoutuvat Kristuksen uusiin vaatteisiin päästäkseen uudenlaisen elämisen piiriin.

Paavali käyttää "ylle pukemisen" -kielikuvaansa myös kohdissa Room. 13:12 ja Ef. 6:10 esitelläkseen uudenlaisia tapoja elää. Kaikkein merkittävimmällä tavalla hän kuitenkin käyttää kyseistä kielikuvaa jakeessa Ef. 4:24.

Kyseisessä kohdassa Paavali ei sano, että uusi ihminen puetaan vanhan ihmisen päälle, vaan hän vaatii jatkuvasti enenevää muutosta, joka saa aikaan sitä, että ihminen yhä enemmän ja enemmän alkaa muistuttaa Jumalaa pyhyydessä. Samalla tapaa kohdan Kol. 3:12–15 "ylle pukemisen" prosessiin liittyy enenevää armahtavaisuutta, ystävällisyyttä, nöyryyttä, kärsivällisyyttä ja rakkautta.

Paavali painottaa myös vanhan elämäntavan yltä riisumisen tärkeyttä kohdissa Room. 13:12; Ef. 4:22–31 ja Kol. 3:8. Yltä riisuminen ei ole ylle pukemisen ennakkoehto, sillä tällöin ei jäisi sijaa armolle. Me voimme sen sijaan riisua yltämme vanhan vasta sitten, kun olemme ottaneet vastaan uuden. Vain Jumalan elämän lahjan ansiosta kykenemme alkaa riisua yltämme vanhoja elämäntapojamme ja pystymme alkaa elää Jumalan ylösnousemuselämää.

Kaiken tämän keskellä, jakeessa Ef. 4:30, Paavali varoittaa tuottamasta surua Pyhälle Hengelle. Meidän täytyy muistaa,

*Pelastus ja uusi elämä*

että Jumalan uusi elämä on mahdollista ainoastaan sen kautta, että Henki on meissä. Tämän vuoksi niiden meistä, joilla on Jumalan uusi elämä, täytyy olla herkkiä Hengen vaatimuksille siitä, miten meidän tulee suhtautua vanhoihin elämäntapoihimme.

Jumalan pelastustyö, joka tapahtui hänen Poikansa ristinkuoleman kautta, on synnyttänyt uuden elämän, Jumalan elämän uudessa luomuksessa. Uusi elämä ei kuitenkaan ole automaattinen olotila, se on elävä suhde, hengittävä kumppanuus, ja me tarvitsemme Sanan ja Hengen jatkuvaa apua, jotta kykenemme nauttimaan Jumalan uuden elämän eduista ja kasvamaan täysi-ikäisyyteen, niin kuin Jumala haluaa meidän tekevän. Meidän täytyy jatkuvasti omistaa näitä etuja omalle kohdallemme ja toisintaa niiden vaikutuksia omassa elämässämme.

# Osa 9

## Armosta uskon kautta

Läpi tämän kirjan on pyritty kaikin tavoin painottamaan sitä Raamatun perustavanlaatuista opetusta, että pelastus tapahtuu yksin armosta, yksin Jumalasta ja yksin uskosta. Meidän täytyy kuitenkin aina muistaa, että Raamattu on paljon enemmän kuin vain akateeminen tutkimus armosta ja uskosta.

Täytyy muistaa, että Raamattu esittää pelastuksen aina niiden eri suhteiden asiayhteydessä, joita Jumala on muodostanut eri ihmisten kanssa. Pelastus armosta uskon kautta on aina *suhteeseen perustuvaa*, ei koskaan pelkästään teoreettista!

Lisäksi tässä kirjassa on pyritty painottamaan, ettei pelastuksen sanoma rajoitu ainoastaan Uuteen testamenttiin. Tässä vaiheessa tulisi olla selvää, että Uusi testamentti lainaa ja syventää Vanhan testamentin käsitystä pelastuksesta ja että Uusi testamentti tekee joistakin pelastuksen puolista paljon aiempaa yksitulkintaisempia (sekä lisää paljon sellaista, mikä on parempaa ja uutta!).

Esimerkiksi Vanhan testamentin varmuus siitä, että yksin Jumala voi saada aikaan pelastuksen – ei ihmiskunta –, toistuu Jeesuksen opetuksissa, kun hän liittää toisiinsa pelastuksen ja valtakunnan. Vanhassa testamentissa Jumalan tarjoama pelastus otetaan vastaan pelkästään *turvautumalla Jumalaan*, ja myös Jeesus opettaa, että Jumalan pelastavaan valtakuntaan päästään sisään pelkästään turvautumalla Jumalaan. Molemmissa tapauksissa Jumala on se, joka pelastaa – ei teoreettisesti eikä abstraktisti, vaan käytännöllisellä tavalla, konkreettisen historiallisen prosessin kautta.

Vanhassa testamentissa kerrotaan useista tällaisista suhteisiin perustuvista pelastavista teoista (esim. Egyptistä

*Pelastus armosta*

lähtö). Kaikkiin niihin liittyy pelastaminen vihollisilta, Jumalan suuri ponnistus, voiton- ja eheyden tunne pelastetuissa ihmisissä ja se, että ihmisten luottamus Jumalaan tulee todistetuksi.

Samankaltaisia piirteitä nähdään myös Jeesuksen pelastavassa palvelutyössä – paitsi että siinä viholliset ja lopputulokset ovat hengellisiä ja suuri jumalallinen pelastava ponnistus on Jumalan Pojan uhrikuolema.

### Toisiinsa sulautettu ymmärrys

Uusi testamentti *sulauttaa* Jeesuksen pelastavan palvelutyön Jumalan menneisiin pelastaviin tekoihin.

Uusi testamentti opettaa, että Jeesuksen tuleminen on tuonut kaikki Vanhan testamentin toiveet, kaipaukset, odotukset, lupaukset ja profetiat pelastuksesta olemassa oleviksi nykyulottuvuudessa. Siinä ilmoitetaan, että Messias, Kristus, Voideltu, on tullut täyttämään Jumalan tarkoitukset ja suunnitelmat. Siinä paljastetaan, että Jumala on pelastanut ja lunastanut kansansa. Siinä julistetaan, että Daavidin Poika on voittanut vihollisensa ja että hän hallitsee nyt korkeuksissa.

Tämä lähestymistapa laajensi Vanhan testamentin monitahoista ymmärrystä pelastuksesta, johon kuului:

- ◆ *katsomista taaksepäin* siihen, mitä Jumala oli menneisyydessä tehnyt kansansa hyväksi pääsiäisenä, kun hän vapautti kansan orjuudesta ja kuljetti sen uuteen elämään luvatussa maassa

- ◆ *katsomista ympärille* siihen, mitä Jumala teki sinä päivänä, ja kaipausta saada kokea hänen pelastuksensa suuremmalla tavalla nykyisyydessä. Pelastukseen kuului Israelille aina päivittäistä kamppailua vihollisia ja koetuksia vastaan luvatussa maassa sekä syvenevää ymmärrystä Israelista yhteisönä ja kansana

- ◆ *katsomista eteenpäin* toivossa siihen päivään, jolloin Messias tulisi ja pelastaisi heidät täysin ja lopullisesti ja tekisi kaiken jälleen hyväksi ja uudeksi.

*Armosta uskon kautta*

Tätä "mennyt, nykyisyys ja tuleva" -lähestymistapaa suhteeseen perustuvaan pelastukseen laajennetaan läpi koko Uuden testamentin. Se on myös lähestymistapa, jota meidän nykyihmisten täytyy ymmärtää entistä paremmin.

## Pelastus menneisyydessä

Uskovat pitävät pelastusta aivan oikeutetusti täysin aikaan saatuna, kertakaikkisena, historiaan sijoittuvana menneisyyden tapahtumana. Tiedämme, että Jumala yksin *on* vapauttanut meidät kuoleman ja saatanan otteesta Poikansa uhriveren kautta, joka vuodatettiin meidän sijastamme – sillä me emme kyenneet itse vapauttamaan itseämme niistä, joiden vankina olimme, emmekä maksamaan syyllisyytemme hintaa.

Tiedämme, että yksin Jumala *on* voittanut ja parantanut vieraantumisemme. Syntimme erottivat meidät hänestä, hänen vihansa erotti hänet meistä, eikä ollut mitään, mitä me olisimme voineet tehdä tuon kuilun kuromiseksi umpeen.

Kristuksen sovituskuolemassa syntimme *on* kuitenkin poistettu ja Jumalan viha *on* tyydytetty. Hän voi nyt katsoa meitä ilolla, ja me voimme katsoa häntä ilman pelkoa. Syntimme *on* annettu anteeksi, ja Jumala *on* lepytetty!

Tiedämme, että yksin Jumala on vanhurskauttanut meidät ja julistanut meidät syyttömiksi. Me olimme vastuussa synneistämme. Kapinamme oli meidän syytämme. Me olimme syyllisiä ja kadotukseen tuomittuja Jumalan edessä.

Mutta Jeesuksen synnin tunnustavan, synnin kantavan ja sovinnon tuovan sijaiskuoleman kautta – kuoleman, joka otti Jumalan tuomion ja kärsi sen – sekä sen kautta, että hän luki hyväksemme oman vanhurskautensa, Jumala *on* julistanut meidät ikuisesti vapaiksi kaikesta syyllisyydestä ja kykeneviksi elämään hänen läsnäolossaan.

Lisäksi tiedämme, että yksin Jumala *on* antanut meille uuden elämän lahjan. Me olimme hengellisesti sokeita. Me olimme hengellisesti elottomia. Ei ollut mitään, mitä me olisimme voineet tehdä silmiemme avaamiseksi tai itsemme herättämiseksi henkiin. Tilanteemme oli toivoton.

*Pelastus armosta*

Mutta Poika *on* korotettu korkeuksiin. Hän *on* kärsinyt synnytyspoltot uuden luomakunnan, uuden luomuksen, synnyttämiseksi. Hän *on* kuollut vehnänjyvän tavoin, jotta hänen elämänsä voisi toisintua ja lisääntyä. Jumala *on* puhaltanut henkäyksensä/henkensä meihin. Me *olemme* syntyneet uudesti. Me *olemme* syntyneet Hengestä.

Nämä kaikki ovat yksin Jumalan objektiivisia *menneitä*, loppuun saatettuja tekoja. Ne ovat käytännönläheisiä ja konkreettisia historiallisia tapahtumia – yhtä todellisia kuin Nooan arkki ja Egyptistä lähtö tai muut suuret suhteeseen perustuvan pelastuksen teot, jotka olivat menneisyydessä muuttaneet Jumalan kansan elämän.

Jumala *on* armossaan toiminut voitokkaasti syntiä, tuomiota, kuolemaa ja paholaista vastaan. Hänet *on* lepytetty. Me *olemme* saaneet anteeksi. Meidät *on* vanhurskautettu. Meidät *on* lunastettu. Meidät *on* sovitettu. Me *olemme* syntyneet uudesti uuteen elämään. Meidät *on* pelastettu. Kuten Kristus julisti voitokkaana ristillä: "Se on täytetty!"

**Pelastus nykyisyydessä**
Se, miten ymmärrämme ja elämme todeksi raamatullisen, sulautetun ja suhteeseen perustuvan pelastuksen, ei kuitenkaan saa jäädä pelkästään menneisyyteen. Jumala ei ole ainoastaan pelastanut meitä täysin ja täydellisesti menneessä, hän pelastaa meidät täysin ja täydellisesti myös nykyisyydessä.

Uusi testamentti kutsuu tätä nykyisyydessä tapahtuvaa pelastuksen kokemista "pyhitykseksi", mikä tarkoittaa "erotettuna olemista". Myös sen juuret ovat syvällä Vanhassa testamentissa.

Jumala erotti sapatin, temppelin, seremonialliset esineet, papit, leeviläiset ja jopa kansan. Ketään ei voitu erottaa inhimillisellä pyhittämisellä. Ainoastaan Jumalalla oli oikeus erottaa jokin jotakin varten, ja sitä, minkä hän erotti, kutsuttiin "pyhäksi" – ei siksi, että se itsessään olisi ollut hyvä tai erityinen, vaan siksi, koska Jumala oli erottanut sen omia erityisiä tarkoituksiaan varten.

## Armosta uskon kautta

Samalla tapaa Uusi testamentti pitää uskovia "erotettuina", "pyhinä" tai "pyhitettyinä" – ei palkintona siitä, että he itsessään ovat hyviä, vaan koska Jumala on erottanut heidät palvelemaan ainoastaan itseään ja omia tarkoituksiaan. Uskovat on kutsuttu olemaan temppeleitä ja pappeja. Heidän elämiensä tulisi olla kuin käytännöllisiä esineitä ja pyhä sapatti. Ja heidät itsensä on tarkoitettu olemaan uuden kansan jäseniä.

Jos meidät kerran on pyhitetty Jumalalle, meidän täytyy myös jatkaa pyhitettyinä olemista. Olemme pukeneet yllemme uuden ihmisen, olemme pukeneet yllemme Kristuksen, mutta meidän täytyy myös yhä uudelleen pukea hänet yllemme. Olemme ristiinnaulinneet vanhan luontomme, mutta meidän täytyy jatkaa sen ristinnaulitsemista – joka päivä.

Tähän pyhityksen nykyisyydessä tapahtuvaan *kokemukselliseen* puoleen on evankelisessa kristillisyydessä perinteisesti suhtauduttu kolmella eri tavalla.

- ◆ "Wesleyläinen" tai "pyhyyttä" korostava ajatusmalli selittää yleensä pyhityksessä olevan kyse "jumalallisesta rakkaudesta, joka karkottaa synnin". Jumalan puhdas rakkaus vallitsee niin täysin uskovan sydämessä ja elämässä, että se karkottaa kaikki väärät asenteet ja teot ja ohjaa kaikkia ajatuksia, sanoja ja tekoja.

  Wesleyläiset (metodistit) ovat sitä mieltä, että uudestisyntymän jälkeen uskovien täytyy uskossa kokea myös "täydellinen pyhitys" tai "kristillinen täydellisyys". He perustavat tämän jakeiden 1. Joh. 1:7–9, 3:6–9 ja 5:18 kaltaisille kohdille, jotka heidän mukaansa antavat toivoa siitä, että voimme nykyhetkessä olla pelastettuja kaikesta synnistä.

- ◆ Reformoitujen kirkkojen uskovat selittävät pyhityksen yleensä viittaamalla Paavalin ajatukseen jokaisen sisällä vallitsevasta kamppailusta, josta Paavali puhuu kohdissa Room. 7:7–25 ja Gal. 5:16–26.

  He sanovat, että uskovan kamppailu lihan ja Hengen välillä on vastakkain Jumalan lain kanssa mutta että

*Pelastus armosta*

se jatkuu kuolemaan asti valtakunnan "nyt ja ei vielä" -dynamiikan vuoksi. He kuitenkin opettavat, että uusi luonto korvaa enenevästi vanhaa luontoa parannuksen tekemisen, uskon ja kuuliaisuuden myötä.

◆ Helluntailaiset taas opettavat, että kaikkien kristittyjen tulisi etsiä Pyhän Hengen kastetta (joka on luvattu kohdassa Ap. t. 1:5–8) ja vastaanottaa se ja että Pyhän Hengen kaste tapahtuu uudestisyntymisen jälkeen.

He pitävät kiinni siitä, että tämä Pyhän Hengen "voitelu" annetaan, jotta Jumalan omilla olisi voima julistaa evankeliumia *ja* elää Jumalan uutta elämää Jumalan pyhyydellä.

Toisin kuin monet wesleyläiset (sekä varhaiset helluntailaiset, jotka saivat vaikutteita pyhitysliikkeestä), helluntailaiset eivät usko, että tämä voitelu synnyttäisi "automaattisen synnittömän täydellisyyden". Sen sijaan he uskovat, että se antaa jumalallisen voiman, jonka ansiosta Jumalan pyhyys voidaan kokea syvällisemmällä tavalla.

Ja toisin kuin jotkut muut uskovat, helluntailaiset eivät usko, että Jumala odottaa heidän kamppailevan lihaa vastaan omassa voimassaan. Sen sijaan he ajattelevat, että Jumala *tekee* Hengessä *mahdolliseksi* sen, että he kykenevät uskossa ja Hengen voitelussa selviytymään voittajina lihan ja paholaisen hyökkäyksistä ja elämään Jumalan pyhyydellä. (Tätä ei pidä ymmärtää niin, että helluntailaiset pitäisivät Hengen kastetta ja pyhitystä samana asiana – sillä sitä ne eivät selvästikään ole.)

Pelastuksen kokemista nykyisyydessä käsitellään läpi tämän *Hengen miekka* -kirjasarjan, erityisesti kirjoissa *Jumalan hallintavalta*, *Jumalan kirkkaus seurakunnassa*, *Elävä usko* ja *Hengen tunteminen*.

*Armosta uskon kautta*

## Pelastus tulevaisuudessa

Tässä kirjasarjassa painotetaan usein sitä, että valtakunta on "nyt mutta ei vielä". Yhä uudelleen on korostettu sitä, että Kristus on nyt läsnä maailmassa Hengen kautta, mutta että hän on myös vielä palaava. Että kuolema ja paholainen on voitettu, mutta että niitä ei vielä ole tuhottu. Että täysi pelastus on jo saatu, mutta että pelastusta ei vielä ole saatu täydellisesti – ja niin edelleen.

Uskovina meidän ei tule ainoastaan katsoa taaksepäin ristiin ylistäen ja kiittäen Jumalaa kaikesta siitä, mitä hän on tehnyt. Meidän ei myöskään pidä ainoastaan katsoa Jumalaan nykyisyydessä odottaen, mitä Henki tekee elämissämme tehdäkseen meistä enemmän Jeesuksen kaltaisia ja tehdäkseen meistä osallisia Jeesuksen palvelutyöhön. Näiden lisäksi meidän tulee katsoa myös eteenpäin tulevaisuuteen pelastuksen lopulliseen päivään, jolloin Jeesus palaa, kuolema ja paholainen tuhotaan lopullisesti, jokainen polvi notkistuu Herrojen Herran ja Kuninkaiden Kuninkaan edessä ja Jumala perustaa uuden taivaan ja uuden maan.

Eikä tulekaan yllätyksenä, että myös tämä suhteeseen perustuvan pelastuksen puoli perustuu tiukasti Vanhaan testamenttiin. Profeetat odottivat kaipauksella päivää, jolloin Jumala, joka oli toistuvasti tullut ja kohdannut kansaansa, tulisi lopullisesti ja tuomitsisi pahat, lunastaisi vanhurskaat ja puhdistaisi kaiken pahuuden maailmasta. He kutsuivat tätä päivää "Herran päiväksi" tai nimityksellä "sinä päivänä".

Uusi testamentti pitää Kristuksen ensimmäistä tulemista tämän vanhatestamentillisen toivon *täyttymyksenä* ja hänen toista tulemistaan tämän toivon *täydelliseksi tekemisenä*. Sillä Uusi testamentti paljastaa, että se, mitä Vanhassa testamentissa odotettiin tapahtuvan yhtenä päivänä, tapahtuukin todellisuudessa kahtena eri päivänä.

Uudessa testamentissa nimittäin edelleen odotetaan kaipauksella suurta ja lopullista pelastuksen päivää. Tätä päivää kutsutaan nimillä:

*Pelastus armosta*

- Herran päivä – Ap. t. 2:20; 1. Tess. 5:2 ja 2. Piet. 3:10
- Herramme Jeesuksen päivä – 1. Kor. 5:5 ja 2. Kor. 1:14
- Herramme Jeesuksen Kristuksen päivä – 1. Kor. 1:8 (v. 1938 käännös)
- Kristuksen Jeesuksen päivä – Fil. 1:6
- Kristuksen päivä – Fil. 1:10 ja 2:16
- Jumalan päivä – 2. Piet. 3:12
- sinä päivänä – Matt. 7:22, 24:36, 26:29; Luuk. 10:12; 2. Tess. 1:10 ja 2. Tim. 1:18 (vrt. myös v. 1938 käännös)
- viimeinen päivä – Joh. 6:29–44, 11:24 ja 12:48
- toinen ilmestyminen – Hepr. 9:28.

Uudessa testamentissa käytetään useita tärkeitä kreikan kielen sanoja kuvaamaan tätä tulevaa pelastuksen päivää. Jakeissa 1. Kor. 16:17 ja 2. Kor. 7:7 käytetään sanaa *parousia*, "läsnäolo" tai "tulo" merkkinä hallitsevassa asemassa olevan henkilön saapumisesta. Sama Jeesus, joka astui taivaaseen, tulee uudelleen henkilökohtaisesti maan päälle aikojen lopussa, voimassa ja kirkkaudessa, tuhoamaan antikristuksen ja pahuuden, tekemään eläviksi kaikki vanhurskaat ja kokoamaan yhteen lunastetut. Tämä havaitaan esimerkiksi kohdista Ap. t. 1:11; Matt. 24:3 ja 27; 2. Tess. 2:8; 1. Kor. 15:23; Matt. 24:31 ja 2. Tess. 2:1.

Hänen paluunsa on oleva *apokalupsis*, "paljastaminen" tai "julkitulo", jossa ne voima ja kirkkaus, jotka ovat jo hänen hänen korottamisensa seurauksena, paljastetaan täydellisesti maailmalle. Tämä havaitaan kohdista Fil. 2:9; Ef. 1:20–23; Hepr. 1:3 ja 2:9 sekä 1. Piet. 4:13.

Lisäksi hänen paluunsa on oleva *epiphaneia*, "ilmestyminen". Se on oleva selvästi kaikkien nähtävissä, eikä kukaan voi olla näkemättä sitä – 2. Tess. 2:8; 1. Tim. 6:14; 2. Tim. 4:1 ja 8 sekä Tit. 2:13.

*Armosta uskon kautta*

Tänä lopullisena pelastuksen päivänä Kristuksessa kuolleet nousevat ylös, Kristuksessa maan päällä elossa olevat muuttuvat, Jumalan valtakunta tulee täydelliseksi, tapahtuu viimeinen tuomio ja antikristus, paholainen ja pelastumattomat tuomitaan lopullisesti – ja heiltä estetään ikuisiksi ajoiksi pääsy Jumalan läsnäoloon ja siunauksiin.

Uusi taivas ja uusi maa nousevat tästä tuomiosta, ja Jumalan kansa saa asua tässä uudessa maassa lunastetuissa ruumiissa täydellisessä yhteydessä Jumalan kanssa. Tuossa hetkessä Jumalan pelastustyö tulee lopulta valmiiksi – hänen menneet, nykyiset ja tulevat pelastustekonsa yhdistyvät kaikki toisiinsa ikuisesti.

Voidaan sanoa, että tulevaisuuteen sijoittuvassa pelastuksessa on kyse Kristuksessa olemisesta, osallisuudesta hänen läsnäoloonsa, ohjatuksi tulemisesta hänen ylösnousemuselämäänsä, palkkion ja perinnön saamisesta, viimeistenkin synnin rippeiden hylkäämisestä, uuden ylösnousemusruumiin saamisesta ja täydellisestä, ikuisesta ja iankaikkisesta kasvoista kasvoihin -yhteydestä Jumalan kanssa.

## Yksin usko

Pelastus on jotain niin ihmeellistä, että sen tulisi saada meidät aina haukkomaan henkeämme pyhän ihmetyksen vallassa ja tiedostamaan oman arvottomuutemme. Kuinka se voi koskaan olla saatavilla syntisille ihmisille, meille?

Tässä kirjassa on keskitytty Raamatun julistukseen, että pelastus tapahtuu yksin armosta ja on yksin Jumalan työtä. Se on hänen ajatuksensa, hänen aloitteensa, hänen hyvä tahtonsa ja suunnitelmansa ja hänen aikaansaannoksensa. Yksinkertaisesti sanottuna: pelastus tapahtuu täysin Jumalan armosta.

Tämä ei kuitenkaan koskaan ole ollut koko kuva pelastuksesta. Edellä jo havaittiin, ettei Jumala pakottanut Aadamia ja Eevaa riisumaan viikunanlehtiään ja pukeutumaan armon vaatteisiin. Armossaan Jumala uhrasi tarvittavan uhrin.

*Pelastus armosta*

Jumala antoi veren tahrimat vaatteet. Jumala ojensi kätensä ja tarjosi nuo vaatteet syntiä tehneille ihmisille, jotka eivät niitä ansainneet – mutta hän ei pakottanut heitä ottamaan niitä vastaan.

Sen sijaan Aadamin ja Eevan täytyi sisimmissään uskoa, että Jumalan huolenpito oli parempaa kuin heidän omansa. Heidän täytyi myös toimia tuon uskon pohjalta käytännön tasolla riisumalla viikunanlehdet pois ja antamalla Jumalan pukea heidät antamiinsa vaatteisiin. He pelastuivat yksin armosta, mutta he ottivat pelastuksensa vastaan yksin uskosta.

Sama päti myös Nooaan. Jumala ei väkisin pakottanut Nooaa tekemään pelastavaa arkkia ja menemään siihen. Hän vain osoitti Nooalle pelastuksen tien, pyysi tätä uskomaan huolenpitoonsa ja odotti sitten Nooan toimivan uskonsa pohjalta. Nooa pelastui armosta, mutta hän pelastui myös uskonsa kautta.

Tämä jumalallinen periaate on löydettävissä kaikkialla Vanhassa testamentissa. Jumala toimi aina armossa, mutta hän ei koskaan väkisin tarjonnut pelastustaan kansalleen – sillä hän kutsui omiaan aina vapaaehtoiseen, toisiaan kunnioittavaan ja luottavan rakkauden täyttämään suhteeseen.

Armossaan Jumala antoi pääsiäisen lupauksen, reitin Kaislameren poikki, "korkealle nostetun" käärmeen autiomaassa ja niin edelleen. Mutta ihmisten täytyi aina uskoa Jumalaan ja toimia uskonsa pohjalta: heidän täytyi sivellä verta ovenpieliinsä jäädäkseen henkiin, kulkea veden muodostamien seinämien välistä jäädäkseen henkiin, katsoa käärmettä jäädäkseen henkiin ja niin edelleen.

Tämän vuoksi voidaankin siis sanoa, että Israel vapautui yksin armosta, mutta että se sai vapautuksensa "toimimalla uskonsa pohjalta", uskosta. Tämä armon ja uskon välinen suhde oli ydinasia Israelin ja Jumalan liittosuhteessa.

Tämä ei merkitse, että pelastuksemme on "uskosta, jonka pohjalta on toimittu kuuliaisesti". Se on eri asia kuin "yksin uskosta". Yllä mainituissa Raamatun esimerkeissä ihmisten

*Armosta uskon kautta*

täytyi kyllä toimia uskonsa pohjalta vapautuakseen tai saadakseen siunaukset, jotka Jumala oli heille luvannut – mutta tuo toimiminen oli vain sen aktiivisen uskon välitöntä ilmaisemista, joka heillä jo oli. Tiettynä hetkenä he uskoivat ja siksi he "astuivat tietyn rajan yli" – kun he ennen olivat laittaneet luottamuksensa itseensä, nyt he laittoivat sen Jumalaan.

Uudessa testamentissa Jeesus kutsui ihmisiä uskomaan itseensä (kirjassa *Elävä usko* havaitaan, että "uskoa" on yksinkertaisesti verbimuoto sanasta "usko"). Jeesus Kristus, Jeesus Messias, oli lihaksi tullut armo. Hän oli Jumalan armo, Jumalan pelastus, läsnä henkilössä.

Hän tuli armossa palvelemaan ja pelastamaan, mutta hän ei väkisin pakottanut ketään ottamaan pelastustaan vastaan. Hän kutsui ihmisiä uskomaan Jumalan pelastavaan huolenpitoon ja toimimaan uskonsa pohjalta. Pelastuksemme on edelleenkin täysin vain armosta, ja me edelleen otamme pelastuksemme vastaan täysin vain uskosta. Meidät pelastetaan "hänen armostaan meidän uskomme kautta" – ja juuri tämä on ristin aikaansaaman, meidän ja Jumalan välisen veriliittosuhteen olennaisin ydin.

### Teot ja usko

Aina on ollut niitä ihmisiä, jotka ovat painottaneet uskon "pohjalta toimimisen" puolta ja esittäneet, että juuri se on tärkeintä pelastuksessa.

He esimerkiksi tunnistavat kyllä Nooassa tämän uskon Jumalaan, mutta väittävät, ettei Nooa olisi pelastunut, jos hän ei olisi kaatanut puita, suunnitellut ja rakentanut arkkia, koonnut eläimiä ja niin edelleen. Heidän mukaansa Nooa siis pelastui armon ja toiminnan seurauksena, armosta ja tekojen kautta.

Israelin kansassakin he kyllä tunnistavat ihmisten uskon Jumalaan, mutta väittävät, etteivät israelilaiset olisi pelastuneet, jos he eivät olisi uhranneet karitsoita ja sivelleet verta oviinsa. Heidän mukaansa israelilaisetkin pelastuivat armon ja toiminnan seurauksena.

*Pelastus armosta*

Samalla tapaa tällaiset ihmiset ovat (eri aikakausina ja jokaisessa kirkkokunnassa) sanoneet, että meidätkin pelastetaan Jumalan armosta tekojemme kautta. He pitävät kiinni siitä, että jos haluamme ottaa vastaan Jumalan pelastuksen lahjan, meidän täytyy tehdä uskon tekoja – meidän täytyy suorittaa omistautumistamme osoittavia uskonnollisia tekoja, välttää syntiä, pitää huolta tarvitsevista, antaa avokätisesti ja niin edelleen. Heidän mukaansa pelastava usko voi olla aitoa vain, jos siihen liittyy myös tekoja. Pelastus ei tällöin siis ole yksin uskosta, koska tekoja pidetään pelastuksen ehtona.

Tämä näkökanta on kuitenkin virheellinen, sillä se jättää huomiotta sen, mikä on kaikkein olennaisin seikka kaikissa Vanhan testamentin esimerkeissä Jumalan pelastavista teoista. Nooa esimerkiksi pelastui vedenpaisumukselta astumalla sisään arkkiin. Me pelastumme ikuiselta tuomitsemiselta "astumalla uskossa sisään" Kristukseen. Sillä, että Nooan täytyi rakentaa oman pelastuksensa takaava arkki, ei ole mitään tekemistä sen kanssa, mitä Uusi testamentti opettaa pelastuksesta. Me emme rakenna omaa pelastuksemme takaavaa välikappalettamme. Me yksinkertaisesti uskomme Kristukseen, joka on täysin Jumalan valmistama välikappale pelastuksemme takaamiseen. Samalla tapaa Israel pelastui kuoleman vitsaukselta toimimalla uskossa ja olemalla kuuliainen Jumalan sanalle pääsiäislampaasta. Veren sively kotien ovenpieliin oli osoitus ihmisten uskosta. Meidän pelastuksemme tulee siitä, kun sivelemme uskossa Kristuksen verta elämiimme ja turvaamme yksin siihen, että Kristus pelastaa meidät.

Sekä Vanhassa että Uudessa testamentissa olennaisin seikka on aina usko. Kuuliaisuus seuraa uskoa, mutta usko on se, joka pelastaa. Kuten edellä havaittiin, tällaisen pelastavan uskon malliesimerkki on Abraham.

**Usko ja Abraham**
Kaikki uskon miehet ja naiset pitävät Abrahamia parhaana

*Armosta uskon kautta*

mahdollisena esimerkkinä uskosta. Vanhan testamentin Jumalan ihmiset tiesivät olevansa Abrahamin lapsia, ja Uuden testamentin Jumalan ihmisten paljastetaan myös olevan Abrahamin poikia ja tyttäriä. Miksi? Yksinkertaisesti uskon tähden – uskon, joka on uskovan tärkein hengellinen ominaispiirre ja se peruspiirre, joka erottaa uskovan muista ihmisistä. Paavali tekee tämän täysin selväksi Roomalaiskirjeen luvussa 4 ja Galatalaiskirjeen luvussa 3.

Jae 1. Moos. 15:6 on yksi Raamatun valaisevimmista ja tärkeimmistä jakeista, sillä se osoittaa, *milloin* Jumala julisti Abrahamin vanhurskaaksi ja *miksi* Jumala julisti hänet vanhurskaaksi. Tämä tapahtui *silloin*, kun Abraham uskoi Herraan, ja *koska* hän uskoi Herraan.

Abraham siis pelastui (Jumala julisti hänet vanhurskaaksi), kun hän uskoi, ja hän pelastui, koska hän uskoi. Tämä vanhurskaus oli täysin Jumalan ilmaiseksi antama armon lahja, sillä Abraham ei voinut ansaita sitä – eikä ansainnut sitä – Egyptissä tekemänsä synnin tähden. Abraham yksinkertaisesti otti vastaan Jumalan lahjaksi antaman "vanhurskaaksi katsomisen" sen kautta, että hän uskoi Herraan.

Tämä lahja ei ollut "täydellisyyttä" tai "olemista täynnä" Jumalan vanhurskautta, sillä Abraham teki myöhemminkin syntiä Hagarin kanssa ja toisti Egyptin Gerarissa tekemänsä synnin. Siihen ei kuitenkaan myöskään liittynyt ehtoja, sillä nämä myöhemmät synnit eivät vaikuttaneet Abrahamin vanhurskaaseen asemaan Jumalan edessä.

Raamatun sulautetun pelastuskäsityksen mukaan jae 1. Moos. 15:6 oli se hetki, jolloin Abraham "pelastui". Tuon hetken jälkeen hänen täytyi kuitenkin jatkuvasti elää uutta pelastettua suhdettaan Jumalan kanssa todeksi, "olla pelastettu", kamppaillen lihan ja koetusten kanssa. Hänen täytyi myös edelleen odottaa pelastuslupaustensa täyttymistä – odottaa päivää, jolloin "hän pelastuisi". Tuon päivän hän näki osittain maan päällä Iisakissa, mutta se odottaa edelleen myös vielä "viimeistä päivää", jolloin Abraham näkee lukuisat ja taas lukuisat uskon jälkeläisensä.

*Pelastus armosta*

Tämän perusteella on selvää, että "teot" ovat osa liittoelämän elämistä, osa "nykyisyydessä tapahtuvaa pelastusta", mutta että ne eivät ole osa "menneessä tapahtunutta pelastusta" eivätkä ennakkoehto "tulevaisuudessa tapahtuvalle pelastukselle" (vaikkakin ne palkitaan tuona viimeisenä päivänä). Tämän vuoksi voidaankin siis sanoa, että meidät on pelastettu uskosta ja yksin uskosta. Ajaudumme sivuun siitä totuudesta, että pelastus on yksin armosta, aina, kun pyrimme lisäämään uskoon joitakin tekoja pelastuksen ehdoksi. Me emme tee hyviä tekoja saadaksemme pelastuksen, saadaksemme varmuuden siitä, että meidät on pelastettu, takeeksi siitä, että meidät pelastetaan, tai pysyäksemme pelastettuina – teemme hyviä tekoja, *koska olemme pelastettuja*. Hyvät tekomme ovat seurausta "rakkautena ilmenevästä uskosta". Toisin sanoen ne ovat sellaisen elämän tekoja, joka on täynnä kiitollisuutta siitä, mitä Jumala on tehnyt pelastaessaan meidät armosta. Tämä on perimmäinen totuus jokaisen sellaisen Uuden testamentin käskyn pohjalla, joka kehottaa Jeesukseen uskovia ihmisiä elämään pyhää elämää. Näitä käskyjä voidaan löytää esimerkiksi kohdista Luuk. 7:47; Gal. 5:6; Room. 6:1–2, 7:4, 12:1; Ef. 4:1, 5:1–2; Tit. 2:11–14; Jaak. 1:25; 1. Piet. 1:13–16 sekä 1. Joh. 2:5 ja 3:22.

Nikodemoksen kanssa käymänsä keskustelun kautta Jeesus kehottaa meitä "uskomaan", jotta meidät pelastettaisiin kadotukseen joutumiselta ja saisimme iankaikkisen elämän. Koko Johanneksen evankeliumi kirjoitettiin, jotta me voisimme "uskoa" ja meillä voisi olla elämä Jeesuksen nimessä. Mutta sen jälkeen, kun meidät on pelastettu yksin armosta ja yksin uskosta, meitä kutsutaan pysymään tuossa uudessa pelastetussa elämässä osoittamalla uskontäyteistä kuuliaisuutta – ei saamamme pelastuksen ehtona, vaan keinona nauttia pelastuksen tuomista siunauksista sekä nykyisyydessä että tulevaisuudessa. Tätä käsitellään yksityiskohtaisemmin kirjassa *Elävä usko*.

*Armosta uskon kautta*

**Usko ja teot**
Kun nyt tiedämme, että meidät on pelastettu uskosta ja yksin uskosta, on hyödyllistä tarkastella uskon ja tekojen välistä suhdetta hieman tarkemmin. Tähän mennessä on ymmärretty, etteivät teot ole välttämättömiä pelastuksen kannalta ja että meidät on pelastettu riippumatta kaikesta siitä, mitä olemme tehneet tai mitä koskaan tulemme tekemään. Hyvät tekomme ovat seurausta uskostamme – ne ovat luonnollinen osoitus kiitollisuudestamme Jumalaa kohtaan siitä, että hän pelasti meidät. Ne tehdään uskossa, eli niillä halutaan miellyttää Jumalaa, ja ne tehdään rakkaudentäyteisenä vastauksena saamaamme armoon. Ne ovat tekoja, joita Pyhä Henki innoittaa meitä tekemään – eivät siis tekoja, joita lain vaatimukset saavat meidät tekemään, sillä meidäthän on vapautettu laista.

Väärinkäsityksiä on syntynyt siitä, kun Jaakobin opetukset on tulkittu väärin hänen todetessaan jakeissa Jaak. 2:17 ja 2:21, että "usko ilman tekoja on kuollut". Jotkut ajattelevat tämän tarkoittavan, ettei usko ilman tekoja ole todellista, pelastavaa uskoa, ja vetävät tästä sen johtopäätöksen, että todelliseen uskoon – sellaiseen uskoon, joka pelastaa – täytyy väistämättä liittyä tiettyjä tekoja. Tämä tarkoittaisi, että uskossa tehdyt teot olisivat välttämättömiä pelastuksen kannalta. Jaakobin opetus ei kuitenkaan ole ristiriidassa Paavalin opetusten kanssa. Hän vain yksinkertaisesti huomauttaa, että usko ilman tekoja on hyödytöntä eikä voi auttaa muita ihmisiä. Uskon täytyy aina muuttua käytännössä näkyväksi uskoksi, jotta se voi olla hyödyksi – jotta se palvelee Jumalaa ja rakastaa ihmisiä.

Tämä "vanhurskaaksi osoittautuminen" uskossa tehtyjen tekojen perusteella, josta Jaakob kirjoittaa jakeissa Jaak. 2:21–26, on vanhurskaaksi osoittautumista ihmisten silmissä, ei vanhurskautumista pois synnistä Jumalan edessä. Sekä Abraham että Rahab, kaksi Jaakobin käyttämää esimerkkiä, "osoittautuivat vanhurskaiksi" tai "osoittautuivat arvollisiksi" ihmisten silmissä uskossa tehtyjen tekojensa perusteella. Vain uskon teot voivat saada tämän aikaan. Paavalin opetus pätee

*Pelastus armosta*

siis edelleen: Jumala tekee jumalattoman vanhurskaaksi, kun tämä uskoo – siihen ei tarvita tekoja (Room. 4:5).

### Ikuinen varmuus ja ikuiset palkat

Jos emme ole pelastettuja tekojen perusteella, olemme pelastettuja yksin armosta, yksin uskon kautta, ja tämä taas tarkoittaa, että kristityllä uskovalla on ikuinen varmuus ja että ne, jotka aidosti uskovat evankeliumin, eivät koskaan voi joutua kadotukseen, riippumatta siitä, mitä he tekevät – Joh. 10:28. Pelastuksemme riippuu täysin siitä, mitä Jumala on tehnyt puolestamme Kristuksessa, ei siis mistään sellaisesta, mitä me olemme tehneet menneisyydessä tai mitä teemme tulevaisuudessa.

Tämä on epämieluisa ajatus joillekin ihmisille, ja he ovatkin vastustaneet tätä ajatusta uskovan ikuisesta varmuudesta vetoamalla siihen, että se mahdollistaa Jumalan armon käyttämisen väärin. Mutta jotta armo voisi olla armoa, sen täytyy olla altis väärinkäytön ajatukselle. Juuri tämän Paavali ymmärsi jakeissa Room. 6:1–2, ja meidän täytyy vastata tuolla samalla "Ei tietenkään" -vastauksella jakeen Room. 6:1 kysymykseen: "Onko meidän jatkuvasti tehtävä syntiä, jotta armo tulisi yhä suuremmaksi?"

Jos sanotaan, että uskovan ikuisen varmuuden oppi antaa vapauden tehdä syntiä, Raamatun opetus on todellisuudessa ymmärretty täysin väärin. Uskovan ikuisen varmuuden oppi täytyy aina asettaa Jumalan kurituksen ja Kristuksen tuomioistuimen asiayhteyteen.

Uusi testamentti osoittaa, että on olemassa ero sen välillä, että ihminen on pelastettu helvetiltä taivasta varten, ja sen, että ihminen saa taivaassa palkan Kristuksen tuomioistuimen edessä. Kristityt ja ei-kristityt kaikki joutuvat tuomiolle suuren valkean valtaistuimen eteen, josta kerrotaan Ilmestyskirjan kohdassa 20:11–15. Uskosta osattomat saavat kadotustuomion, mutta myös uskovien, jotka on jo vapautettu kadotustuomiosta (Room. 5:1 ja 8:1), on tultava Kristuksen tuomioistuimen eteen – 2. Kor. 5:10. Tämä merkitsee, että

## Armosta uskon kautta

kaikki, jotka ovat pelastettuja, pääsevät taivaaseen, mutta että kaikkia taivaaseen pääseviä ei kuitenkaan palkita – Joh. 5:24 ja 1. Kor. 3:12–15. Kuten jakeesta 1. Kor. 3:15 selviää, tämä palkka on mahdollista menettää menettämättä silti pelastusta. Ja juuri tästä Paavali oli syvästi huolissaan jakeessa 1. Kor. 9:27 – siitä, että hän menettäisi palkinnon ja menisi ikuisuuteen palkatta.

Kaikki tämä merkitsee, että synnillä on vakavia ja ikuisia seurauksia uskovan elämässä: Jumalan kuritus tässä elämässä ja taivaallisen palkan menetys tulevassa elämässä. Synti saa aikaan sen, että kaikki teot palavat eikä palkkaa anneta. Tämä ei kuitenkaan merkitse sitä, että ihminen menettää pelastuksensa.

Toiset kuitenkin väittävät, että pelastus voidaan menettää, ja perustelevat tätä sellaisilla raamatunkohdilla kuin Hepr. 6:4–6 ja 10:26–29. Raamatussa onkin muutamia sellaisia kohtia, jotka ensisilmäyksellä tuntuvat puhuvan tämän näkemyksen puolesta, mutta tarkempi perehtyminen tekee selväksi, ettei näissä kohdissa todellisuudessa vastusteta ajatusta ikuisesta varmuudesta, sillä niissä ei todellisuudessa edes viitata pelastukseen vaan palkan menettämiseen tai saamiseen taivaassa.

Raamatussa ei itse asiassa ole yhtäkään jaetta, jossa annettaisiin ymmärtää, että voimme menettää pelastuksemme – ainoastaan perintömme tai palkkamme. Meidät on pysyvästi adoptoitu Jumalan perheeseen ja hyväksytty hänen lapsikseen. Hän ei koskaan "peru tätä adoptiota". Lapseuden ja perinnön välillä on kuitenkin ero – ja kun väärinkäytämme lapsen oikeuksiamme, saatamme menettää perintömme.

Pohjimmiltaan Raamattu opettaa, ettei ikuinen varmuus ole riippuvaista ihmisen käytöksestä – sillä silloin ajauduttaisiin taas takaisin vanhurskauttamiseen tekojen kautta. Seisomme Jumalan edessä siinä kiistattomassa varmuudessa, että Jeesus Kristus on jo tehnyt kaiken, mitä meiltä vaaditaan. Tästä huolimatta seisomme eräänä päivänä Kristuksen edessä

*Pelastus armosta*

tekemässä tiliä teoistamme, ja juuri tässä mielessä teoilla on tärkeä rooli kristityn elämässä.

Pelastukseen ei liity ehtoja, ja ikuinen varmuus on seurausta Jumalan armosta. Jumala ei ole jokin oikukas jumaluus. Hänellä ei ole taivaallista pyyhekumia, jolla hän pyyhkii uskovien nimiä elämän kirjasta sillä hetkellä, kun he tekevät syntiä, ja kirjoita sitten heidän nimiään siihen uudelleen (lyijykynällä!), kun he tekevät parannuksen. Pelastusvarmuutemme lepää täysin Kristuksen sijaiskuoleman varassa sekä sen, että saamme uskossa lahjaksi hänen vanhurskautensa. Miten ihmeellinen asia onkaan tietää, ettemme voi koskaan joutua kadotukseen. Meidän tulee iloita Paavalin tavoin (Room. 8:38–39) siitä, ettei mikään voi erottaa meitä Jumalan rakkaudesta Kristuksessa Jeesuksessa – ja antaa tämän innoittaa meitä karttamaan syntiä kaikilla elämänalueilla. Kuten Paavali sanoo Galatalaiskirjeen jakeessa 5:13 ja epäsuorasti jakeessa 6:8, meidän ei tule käyttää tätä ihmeellistä vapautta "yllykkeenä lihalle" (vrt. v. 1938 käännös).

**Pelastava usko**
Raamattu tekee selväksi, että usko, uskominen, on ainoa keino, jolla pelastumme. "Yksin usko" (ei "usko ja tämä tai tuo") on ainoa keino, jolla meidät voidaan liittää Kristukseen, niin että voimme saada jumalallisen armon, pelastuksen.

Uskonpuhdistuksen aikaan 1500-luvulla Jumala käytti sellaisia miehiä kuin Martti Luther ja Jean Calvin palauttaakseen seurakuntaan jälleen totuuden siitä, että pelastus on yksin uskosta. Tuohon aikaan käytiin paljon pohdintaa ja keskustelua "pelastavasta uskosta", ja näiden pohjalta päädyttiin lopulta yhteisymmärrykseen siitä, että pelastava usko sisältää seuraavat kolme puolta:

- ◆ tiedon
- ◆ hyväksynnän
- ◆ turvaamisen.

*Armosta uskon kautta*

**Tieto**
Pelastava usko ei ole aivotonta. Se ei koskaan ilmene älyllisessä tyhjiössä. Se ei myöskään ole tietämättömyyttä, taikauskoa tai herkkäuskoisuutta. Pelastavaan uskoon kuuluu sen sijaan aina tietty määrä tietoa, joka täytyy vastaanottaa, ymmärtää ja omistaa omalle kohdalle.

Emme voi uskoa johonkin, mitä ei ole – uskolla täytyy olla jokin kohde ja sillä täytyy olla sisältö, jotka molemmat ovat totta. Usko itsessään on pitkälti hyödytöntä, ja jopa kaikkein vahvin "vilpitön" usko on hyödytöntä, jos siinä ei uskota mihinkään todelliseen.

Tulisi olla selvää, että ennen kuin meillä voi olla henkilökohtainen suhde Jumalan kanssa, meidän täytyy ymmärtää, että hän on persoona. Meillä täytyy olla jonkinasteista älyllistä ymmärrystä siitä, mitä tai mihin uskomme. Ennen kuin voimme uskoa Jumalaan, meidän täytyy uskoa, että Jumala on, kuka hän sanoo olevansa.

Tämän vuoksi meidän täytyykin uskoa tiettyihin oikeisiin perustietoihin Jumalasta, jotta voimme olla pelastettuja. Näitä tietoja ei tarvitse olla paljon, mutta jonkin verran niitä täytyy olla. Jos siis haluamme olla pelastettuja uskosta, meidän täytyy esimerkiksi uskoa, että on olemassa Jumala, joka haluaa ja tahtoo pelastaa meidät uskosta ja joka myös kykenee pelastamaan meidät uskosta.

Vaikka meidän ei tarvitsekaan tietää kaikkea Jumalasta ja pelastuksesta voidaksemme olla pelastettuja, meidän täytyy tietää joitakin *paikkansa pitäviä* tosiseikkoja. Jos esimerkiksi sanomme uskovamme Jeesukseen, mutta uskomme, että Jeesus oli pelkästään hyvä ihminen ja opettaja, joka kuoli ja on nyt kuollut, uskomme tällaiseen Jeesukseen ei pelasta meitä, koska uskomme kohde on tällöin epätodellinen ja voimaton pelastamaan.

Paholainen pyrkii aina varmistamaan, että julistamme evankeliumia joko niin kuivalla tai niin akateemisella tavalla, ettei julistuksemme innosta ihmisiä, tai että julistuksemme perustuu niin paljon vain kokemuksille, että se avaa

*Pelastus armosta*

mahdollisuuden taikauskolle ja valheellisuudelle. Meidät on seurakuntana kutsuttu taistelemaan hengellistä virheellisyyttä, epätasapainoa ja harhaoppeja vastaan – samoin kuin meidät on kutsuttu taistelemaan hengellistä elottomuutta ja kuivuutta vastaan. Totuudella on väliä, eikä kukaan voi pelastua, jos heidän uskonsa ei rakennu paikkansa pitävien tosiseikkojen varaan.

### Hyväksyntä

Älyllinen hyväksyntä on toinen olennainen osa pelastavaa uskoa. Siihen sisältyy vahva varmuus tai syvä vakaumus siitä, että jokin tietty väittämä on totta. Tähän syvennytään kirjassa *Elävä usko*, jossa osoitetaan, että olla "lujasti vakuuttunut" on kaiken raamatullisen uskon ydin ja osa jopa itse sanan "usko" merkitystä.

Joidenkin ihmisten ajattelussa sillä, että yritetään uskoa johonkin, on itsessään jotakin hengellistä arvoa. Hyväksynnän täytyy kuitenkin aina olla totuuden hyväksymistä. Ei ole mitään hyötyä käskeä rampaa miestä uskomaan, että hän voi kävellä, jos hän ei siihen kykene – tällaisella ei ole mitään tekemistä raamatullisen uskon kanssa.

Uskovat kehottavat kuitenkin joskus myös ihmisiä uskomaan sellaiseen, mikä on totta – saatamme esimerkiksi painostaa ihmisiä uskomaan, että Jeesus kuoli heidän syntiensä puolesta. Mutta jos ihminen ei ole "lujasti vakuuttunut" tai "syvästi hyväksy" tuota totuutta, hänellä ei ole pelastavaa uskoa – riippumatta siitä, kuinka kovasti hän yrittää uskoa.

Ihminen ehkä haluaa uskoa, että Jeesus kuoli hänen syntiensä puolesta – hän voi jopa yrittää uskoa sen –, mutta hänellä ei ole pelastavaa uskoa, ennen kuin hän on lujasti vakuuttunut siitä, että Jeesus todella kuoli hänen syntiensä puolesta.

Mutta edes kaiken tietäminen ja luja vakuuttuneisuus eivät itsessään riitä saamaan aikaan pelastavaa uskoa, sillä jopa paholainen tietää, että Jeesus on Jumalan Poika, ja hyväksyy, että Jeesus on Jumalan Poika. Hänellä ei kuitenkaan ole pelastavaa uskoa, koska hän kieltäytyy turvautumasta Jeesukseen Jumalan Poikana.

**Turvautuminen**
Pelastava usko alkaa vasta, kun lisäämme tietoomme ja hyväksyntäämme myös "tahtomme". Kun lakkaamme sanomasta "ei" Jumalalle ja alamme sanoa "kyllä" hänelle. Kun alamme toimia jollakin tavalla lujan vakaumuksemme pohjalta. Kun otamme tietämyksemme ja hyväksyntämme pohjalta ensimmäisen Jumalaan turvaavan askeleemme.

Langennut ihmiskunta torjuu Jumalan. Se suosii pimeyttä valon sijaan ja itsekkyyttä uhrautumisen sijaan. Se valitsee itse, mitä arvostaa, ja torjuu sen, mitä Jumala pitää arvossa. Turvaamiseen liittyykin siksi muutos arvoissamme, asenteissamme ja näkemyksissämme. Kun aiemmin suhtauduimme välinpitämättömästi Jeesukseen, nyt valitsemme ottaa hänet vastaan. Kun aiemmin vastustimme Jumalaa, nyt käännymme häntä kohti avoimin sydämin. Kun aiemmin olimme tietämättömiä tilastamme Jumalan edessä, nyt kaipaamme sitä, että hän muuttaa meidät.

Tämä on ehdottoman olennaista sen kannalta, että ymmärrämme uudestisyntymisen niin kuin Jeesus siitä opetti Johanneksen evankeliumin jakeissa 3:3-15. Hengen työ siinä, kun hän tuo ihmisen uskomaan Jeesukseen, on syvää ja arvoituksellista. Jos kerran "tuuli puhaltaa missä tahtoo", kuten Jeesus sanoi, kuinka paljon enemmän meidän tuleekaan odottaa Jumalan Hengen toimivan vapaasti ja arvoituksellisesti ihmissydämen sopukoissa. Yksinkertaisesti sanottuna: emme olisi voineet pelastua, jos Henki ei olisi puuttunut elämäämme. Jakeet Joh. 3:19-21 tekevät tämän selväksi. Rakastimme pimeyttä valon sijaan, eikä meillä ollut halua tai kykyä tulla itse Jumalan luo. Emme olisi koskaan kyenneet kääntymään Jumalan puoleen, uskomaan hänen Poikaansa tai toimimaan hänen tahtonsa mukaan, ellei hän olisi ensin antanut meille uutta elämää. Tästä syystä uudestisyntyminen tuleekin ennen kaikkea ymmärtää Hengen tiedostamattomana työnä, joka

*Pelastus armosta*

edeltää uskoa. Jokainen tietoinen sydämen vastaus Jumalalle – synnin tunnustamisesta uskon tunnustamiseen – on syvän ja *tiedostamattoman* Hengen työn ansiota.

### Ennalta määrätty pelastukseen

Tämä aihepiiri nostaa esiin myös kysymyksen predestinaatiosta. Predestinaatio tai ennalta määräytyminen merkitsee sitä, että Jumala valitsee, ketkä ihmiset saavat ikuisen elämän. Predestinaatio-opin mukaan Jumala on iankaikkisesti valinnut tietyt ihmiset, jotka hän tuo ikuiseen suhteeseen kanssaan. Joskus ihmiset puhuvat "kaksinkertaisesta predestinaatiosta" vastakohtana "yksinkertaiselle predestinaatiolle". Tämä kaksinkertainen predestinaatio on se näkemys, että Jumala on aktiivisesti määrännyt osan ihmisistä ikuiseen elämään (tätä kutsutaan usein "valinnaksi") ja osan taas ikuiseen kuolemaan (tätä kutsutaan joskus "reprobaatioksi" tai "kadotukseen hylkäämiseksi").

Vaikka apostoli Paavali vahvistaakin predestinaation kohdissa Room. 8:29–9:33 ja Ef. 1:4–5 – ja se esiintyy myös muissa raamatunkohdissa, kuten jakeissa 2. Moos. 33:19; Joh. 6:44, 15:16 ja Ap. t. 13:48 – predestinaatio on ehkäpä yksi kaikkein arvoituksellisimmista ja hämmentävimmistä kristillisistä opeista – ja varmastikin aihe, jota ihmiset eivät koskaan täysin kykene ymmärtämään. Tästä huolimatta on ehdottoman välttämätöntä, että sitä pyritään ymmärtämään, jotta pelastus armosta voidaan käsittää oikein.

Predestinaation tarkka tekninen määritelmä ei ole yksiselitteinen. Joidenkin mukaan se tarkoittaa samaa kuin se, että Jumala tietää jo ennalta, kuinka jokainen yksilö tulee vastaamaan evankeliumiin. Tällöin ennalta määrääminen on vain yksinkertaisesti sitä, että Jumala antaa ikuisen elämän niille, joiden hän on edeltä nähnyt vastaavan uskolla.

Tämä näkemys ei kuitenkaan ota tarpeeksi vakavasti ihmisten täyttä turmeltuneisuutta. Sitä, että ihmiset ovat niin langenneita, etteivät he mitenkään kykene etsimään pelastusta itselleen tai edes pyytämään Jumalalta apua alun alkaenkaan

*Armosta uskon kautta*

– Ef. 2:1–3. Tämän vuoksi pelastuksen alkusysäyksen täytyykin selkeästi tulla Jumalalta – sen täytyy olla aidon armon teko, joka etsii synnin vallassa olevan syntisen ja joka sitten pelastaa ja eheyttää tuon saman syntisen.

Tämä predestinaationäkemys kiinnittää takuulla huomiota synnin vakavuuteen ja nostaa Jumalan armon suureen osaan pelastuksessa. Jotkut ovat kuitenkin torjuneet tämän käsityksen siksi, koska siihen liittyy heidän mukaansa oppi kadotukseen hylkäämisestä – predestinaation kielteinen puoli, jonka mukaan Jumala jättää ihmiset syntiensä valtaan vaikka voisi pelastaa heidät, ja tuomitsee heidät sitten epäoikeudenmukaisesti siitä.

Asia ei kuitenkaan ole näin, eikä meidän tulekaan kannattaa kadotukseen hylkäämistä (reprobaatiota) tai kaksinkertaista predestinaatiota. Jumala vain yksinkertaisesti määrää jotkut ihmiset suuresta langenneiden ihmisten joukosta pelastukseen. Tämä ei ole epäoikeudenmukaista, sillä oikeudenmukaisuudesta seuraisi se, että Jumalan täytyisi tuomita kaikki ihmiset kadotukseen. Kadotukseen tuomitut siis saavat vain yksinkertaisesti sen, minkä he ansaitsevat, mutta Jumalan valitsemat saavat enemmän kuin ansaitsevat. Tämä merkitsee, että ne, jotka pääsevät taivaaseen, eivät pääse sinne parempien tekojensa tai moraalisen paremmuutensa tähden, vaan koska Jumala on armossaan ja suvereenin suunnitelmansa mukaan määrännyt heidät ikuiseen elämään. Kaikki, jotka joutuvat helvettiin, joutuvat sinne kuitenkin juuri tekojensa, syntiensä, tähden.

Yksinkertainen tosiasia on, että ihmiset eivät voi arvostella Jumalaa siitä, mitä Jumala tekee. Jumala on kaiken luoja, ja hän on vapaa tekemään, mitä haluaa. Pohjimmiltaan predestinaatio on lähtöisin meidän jumalallisen kaikkivaltiuden ja ihmisten turmeltuneisuuden teologiastamme sekä erityisesti armon teologiastamme. Jotta armo olisi armoa, Jumalan täytyy voida vapaasti tarjota sitä tai olla tarjoamatta. Jos sitä tarjottaisiin miltään muulta pohjalta, se ei olisi lahja vaan sellainen palkinto ansiokkaasta teosta tai asenteesta, joka Jumalan olisi

*Pelastus armosta*

pakko antaa. Jos armo on kuitenkin lahja – jos pelastus ja usko ovat molemmat Jumalan lahjaa – silloin predestinaatio-oppi on vain tämän luonnollinen johtopäätös. Tämä siksi, koska on selvästi ilmeistä, ettei tätä lahjaa anneta kaikille. Vain joidenkin määrääminen ikuiseen elämään on siis pohjimmiltaan Jumalan kaikkivaltiaan tahdon teko.

Uskovien määrääminen pelastukseen ei mitätöi tarvetta evankelioida, sillä me emme yksinkertaisesti voi tietää, ketkä Jumala on valinnut ja ketä ei. Ponnistuksemme ihmisten evankelioimiseksi ovat juuri se keino, jolla Jumala tuo valittuja pelastukseen – Room. 10:14. Se kuitenkin merkitsee, ettei meidän tule kritisoida itseämme, jos joku torjuu Kristuksen – jos olemme tehneet parhaamme, voimme jättää loput Jumalan huoleksi – Joh. 6:37 ja 44.

Näiden kahden puolen välistä tasapainoa on parhaiten kuvattu erään saarnaajan kuvauksella taivaan portista: kun tulemme taivaan portin luo, saamme nähdä portin yläpuolella olevan kyltin: "Joka tahtoo, saa tulla". Mutta kun astumme tuosta portista sisään, pääsemme näkemään portin toisella puolella olevan kyltin: "Valittu jo silloin, kun maailma perustettiin". Ennaltamääräämisoppi on annettu lohdutukseksi ja vahvistukseksi uskoville. Sitä ei ole tarkoitettu saamaan aikaan filosofista spekulointia. Se on annettu meidän muistuttamiseksemme siitä, että pelastuksemme on täysin kiinni Jumalasta eikä lainkaan meistä. Olemme alusta loppuun saakka pelastettuja armosta, ja nöyrinä tämän armon edessä voimme ainoastaan vastaanottaa tämän armon yksinkertaisen uskon kautta ja elää sitten kiitollisina ja kuuliaisina hänen rakastavalle tahdolleen meidän elämiämme varten.

Tästä syystä tähän oppiin ei tule ensisijaisesti reagoida *filosofisesti* tai edes *teologisesti* (vaikka nämä ovatkin tärkeitä), vaan avaamalla sydän *doksologiaan*, ylistykseen ja kiitokseen. Kokonaisvaltaisin ja paras reaktio tähän Raamatun opetukseen on antautunut sydän ja Jumalan kunniaksi eletty elämä. Tämän vuoksi Jeesus – käsitellessään tätä aihetta oman maanpäällisen palvelutyönsä aikansa (Matt. 11:25–27) – ilolla hyväk-

*Armosta uskon kautta*

syi Jumalan pelastussuunnitelman ylistämällä Isää tämän täydellisestä suunnitelmasta ilmoittaa itsensä joillekin ja toisille taas ei. Jakeissa Room. 11:33 ja 36 Paavali päättää syvällisen, kutsumusta ja valintaa käsittelevän kohtansa voimalliseen ja unohtumattomaan *doksologiaan*, jossa hän sanoo: "Kuinka ääretön onkaan Jumalan rikkaus, kuinka syvä hänen viisautensa ja tietonsa! Kuinka tutkimattomat ovat hänen tuomionsa ja jäljittämättömät hänen tiensä! ... (Sillä) hänestä, hänen kauttaan ja häneen on kaikki. Hänen on kunnia ikuisesti. Aamen." Mikä täydellinen kiteytys!

### Vanhurskautus uskosta

Tämä kirja aloitettiin tarkastelemalla pelastusta Jumalan näkökulmasta. Pohdiskelimme, kuinka Jumala voi osoittaa rakkauttaan antamalla syntisille anteeksi turmelematta silti pyhyyttään, ja kuinka hän voi osoittaa pyhyyttään rankaisemalla synnit hylkäämättä kuitenkaan rakkauttaan. Seuraavaksi havaittiin, kuinka Jumala ratkaisi tämän ongelman täyttämällä itse omat – rakkautensa ja oikeudenmukaisuutensa – vaatimukset ristillä Poikansa veren kautta.

Nyt, tämän kirjan lopussa, päätetään vielä tarkastelemalla tätä aihetta meidän näkökulmastamme.

Aikojen lopussa, "viimeisenä päivänä", meidät kootaan koko maailman Tuomarin eteen. Hänen eteensä, joka on täydellisen pyhä, täydellisen oikeudenmukainen ja joka tietää kaiken meistä. Kuinka kykenemme seisomaan hänen edessään? Kuinka kukaan kykenee seisomaan hänen edessään?

Jumala on käskenyt meitä olemaan pyhiä, mutta yksikin synti tekee sen, ettemme täytä hänen normiaan. Kun olemme tehneet syntiä kerran, emme voi täyttää Jumalan vaatimuksia *koskaan* – tapahtuipa sitten mitä tahansa.

Vaikka Jumala on armossaan antanut syntiemme seuraukset anteeksi – peittänyt ja poistanut ne –, tämä ei muuta sitä tosiseikkaa, että teimme kerran syntiä. Vaikka syntimme on heitetty pois ja meidät on puhdistettu, mikään ei voi muuttaa

## Pelastus armosta

sitä tosiseikkaa, että emme ole onnistuneet täyttämään Jumalan normia.

Vaikka Jumala on antanut meille uuden elämän ja pyhittänyt meidät, vaikka hän jatkuvasti muuttaa ja uudistaa meitä ja vaikka hän tekee meistä täydellisiä jossain vaiheessa tulevaisuudessa, mikään ei voi muuttaa sitä, mikä on ollut. Meidän täytyy eräänä päivänä seistä Jumalan edessä sen tosiseikan kanssa, että menneet syntimme lähettävät meidät tuomittaviksi.

Kaikista tärkein pelastukseen liittyvä kysymys onkin siis meidän näkökulmastamme: "Kuinka Jumala voi julistaa syntisen vanhurskaaksi?" Sillä oikeudenmukaisuudessaan Jumala voi julistaa vanhurskaiksi ainoastaan ne, joita hän pitää vanhurskaina.

Tulisi olla ilmeistä, että voimme toivoa, että meidät julistetaan vanhurskaiksi, ainoastaan siinä tapauksessa, jos omistamme täydellisen vanhurskauden. Koska vain yksikin synti tekee kuitenkin kaikesta hyvyydestämme tuhoisella tavalla viallista, voimme omistaa täydellisen vanhurskauden vain, jos saamme sen joltain sellaiselta, joka on elänyt täydellisen elämän. Sellaiselta, joka on käynyt läpi kiusauksemme mutta joka on ollut täysin kuuliainen ja täysin synnitön ajatuksissaan, sanoissaan ja teoissaan – ihmiseksi tulleelta Jeesukselta Kristukselta.

Ainoa toivomme siitä, että kykenemme viimeisenä päivänä seisomaan Jumalan edessä, on se, että saamme jollakin tapaa otteen Kristuksen elämän täydellisestä ja synnittömästä vanhurskaudesta ja että saamme olla pukeutuneita tuohon vanhurskauteen. Loppujen lopuksi tämä on meille ainoa asia, jolla on merkitystä – kaikista tärkein ratkaistava asia.

Evankeliumin ihmeellinen totuus, ehkäpä koko Raamatun ihmeellisin totuus, on se tosiseikka, että Jumala tekee syntiset vanhurskaiksi uskon kautta. Että hän julistaa syntiset vanhurskaiksi Kristuksen vanhurskauden perusteella. Että hän ottaa syylliset syntiset läsnäoloonsa niin kuin nämä olisivat täydellisiä ja vanhurskaita.

*Armosta uskon kautta*

Meidät luetaan vanhurskaiksi, koska Jumala lukee Kristuksen vanhurskauden meidän hyväksemme (ja me turvaamme siihen, että ainoastaan se takaa pelastuksemme). Kuten Abraham, mekin olemme vanhurskaita hyväksi lukemisen vuoksi – vaikka olemmekin tehneet syntiä Egyptissä ja todennäköisesti teemme niin myös muualla.

Tiedämme ja turvaamme siihen, että Kristus on maksanut rangaistuksen synneistämme, että hän on kantanut virheidemme ja rikkomustemme seuraukset, kestänyt rangaistuksen syyllisyydestämme, ottanut pois syntimme ja tyydyttänyt Jumalan vihan.

Emme kuitenkaan tarvitse ainoastaan sijaiskärsijää, joka kuolemallaan käsittelee syntimme ja vajavuutemme. Tarvitsemme lisäksi sijaiskärsijän, joka elämällään antaa meille synnittömyytensä ja täydellisyytensä.

Jeesuksen elämäntarina ei ole pelkkää valmistautumista ristiin. Hän ei elänyt kolmeakymmentäkolmea turhaa vuotta vain kuluttaen aikaa, kunnes tulisi ristin pelastustyön aika. Hänen koko elämänsä oli pelastustamme varten. Hänen täydellinen kuuliaisuutensa elämänsä aikana oli yhtä tärkeää pelastuksemme kannalta kuin hänen täydellinen kuuliaisuutensa kuolemassaan, sillä juuri sen ansiota on se vanhurskaus, jonka hän nyt antaa niille, jotka uskovat.

Joten millaisina seisomme Jumalan edessä viimeisenä päivänä? Se riippuu täysin uskostamme Kristuksen vanhurskauteen – jota hän tarjoaa meille yhtä lailla kuin hän kerran tarjosi veren tahraamia vaatteita Aadamille.

Tuosta ensimmäisestä, Edenin puutarhassa tapahtuneesta armon hetkestä lähtien jokaisen ihmisen on täytynyt – ja edelleen täytyy – kysyä itseltään nämä samat kysymykset: "Turvaanko Jumalan lahjaksi antamiin uusiin vaatteisiin (jotka peittävät syntini, poistavat pelkoni ja varustavat minut uutta tehtävää varten)? Seisonko alastomana Jumalan edessä ja annanko hänen pukea ylleni Kristuksen vanhurskauden? Turvaanko ainoastaan häneen? Vai pidänkö kiinni viikunanlehdistäni – omista uskonnollisista käsityksistäni ja

*Pelastus armosta*

omista ponnistuksistani –, käännänkö selkäni Jumalan armolle ja jäänkö pelkoni, syyllisyyteni ja häpeäni lamauttamaksi?

Se ihmeellinen evankeliumi, jota meidät on kutsuttu julistamaan, kuuluu: "Pelastus on yksin Jumalan armosta, yksin uskosta Kristukseen". Mikään muu sanoma ei ole Jumalan hyvä sanoma. Mikään muu sanoma ei ole tie uuteen elämään. Millään muulla sanomalla ei ole vaikutusta ikuisuuteen.

Poikansa uhrautuvan elämän ja uhrikuoleman kautta Jumala on tehnyt kaiken voitavansa rakastamansa maailman pelastamiseksi. Nyt hän on uskonut meille sanoman tästä ihmeellisestä pelastuksesta, ja meidän täytyy tehdä kaikkemme saadaksemme kerrottua tämän täysin raamatullisen sanoman pelastavasta armosta ja uskosta ympärillämme oleville kadotetuille ja kuoleville ihmisille.

www.ingramcontent.com/pod-product-compliance
Lightning Source LLC
Chambersburg PA
CBHW031112080526
44587CB00011B/940